Impressum
Verlag: BABADADA GmbH, Nedderfeld 112 , 22529 Hamburg
Geschäftsführer / Verlagsleitung: Harald Hof
Druck: Books on Demand GmbH, In de Tarpen 42, 22040 Norderstedt

Imprint
Publisher: BABADADA GmbH, Nedderfeld 112 , 22529 Hamburg, Germany
Managing Director / Publishing direction: Harald Hof
Print: Books on Demand GmbH, In de Tarpen 42, 22848 Norderstedt

shkolla
koulu

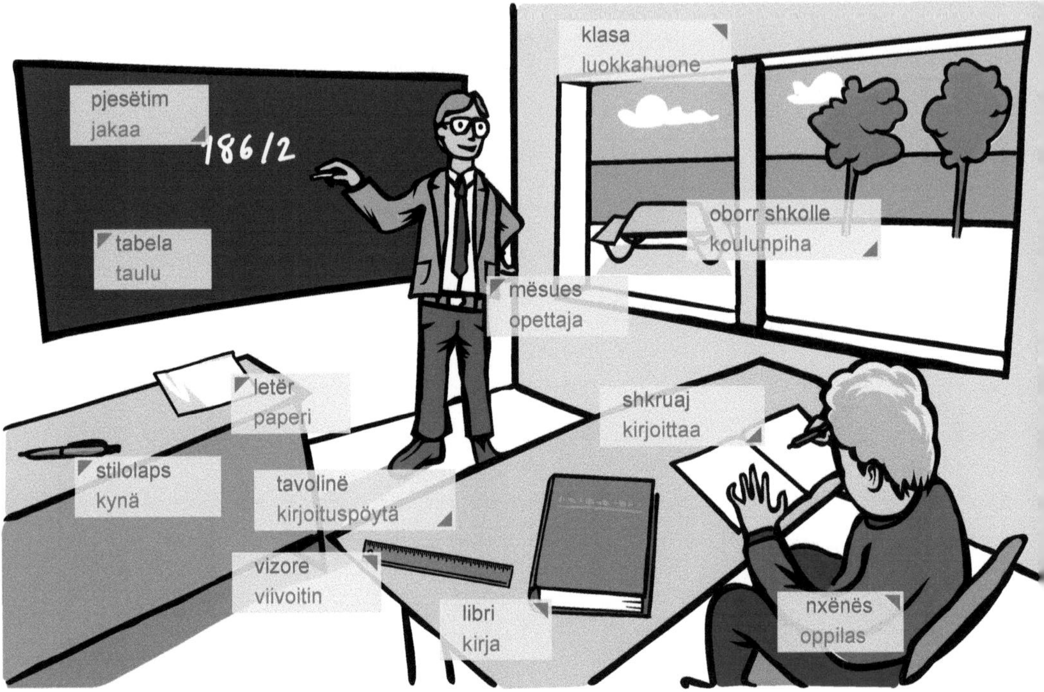

klasa
luokkahuone
pjesëtim
jakaa
186/2
tabela
taulu
oborr shkolle
koulunpiha
mësues
opettaja
letër
paperi
shkruaj
kirjoittaa
stilolaps
kynä
tavolinë
kirjoituspöytä
vizore
viivoitin
libri
kirja
nxënës
oppilas

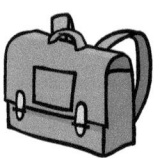

çantë

reppu

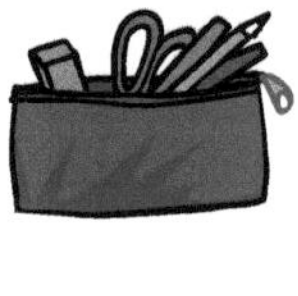

mbajtëse lapsash

penaali

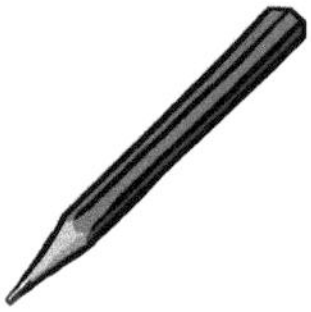

laps

lyijykynä

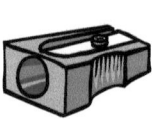

mprehës lapsash

kynänteroitin

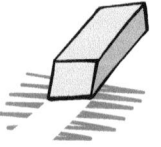

gomë

pyyhekumi

fletore vizatimi

piirustuslehtiö

vizatim
piirustus

penel
pensseli

kuti bojërash
vesivärit

gërshërë
sakset

ngjitës
liima

fletore detyrash
harjoituskirja

detyrë shtëpie
kotitehtävä

12

numër
luku

2+2

mbledh
lisätä

5-2

zbres
vähentää

2×2

shumëzoj
kertoa

llogaris
laskea

A

gërmë
kirjain

**ABCDEFG
HIJKLMN
OPQRSTU
VWXYZ**

alfabeti
aakkoset

fjalë
sana

tekst
teksti

lexoj
lukea

shkumës
liitu

mësim
oppitunti

regjistër
opettajan muistikirja

provim
koe

çertifikatë
todistus

uniformë shkolle
koulupuku

arsimim
koulutus

enciklopedia
sanakirja

universitet
yliopisto

mikroskop
mikroskooppi

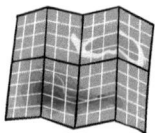

hartë
kartta

kosh letrash
roskakori

udhëtim
matka

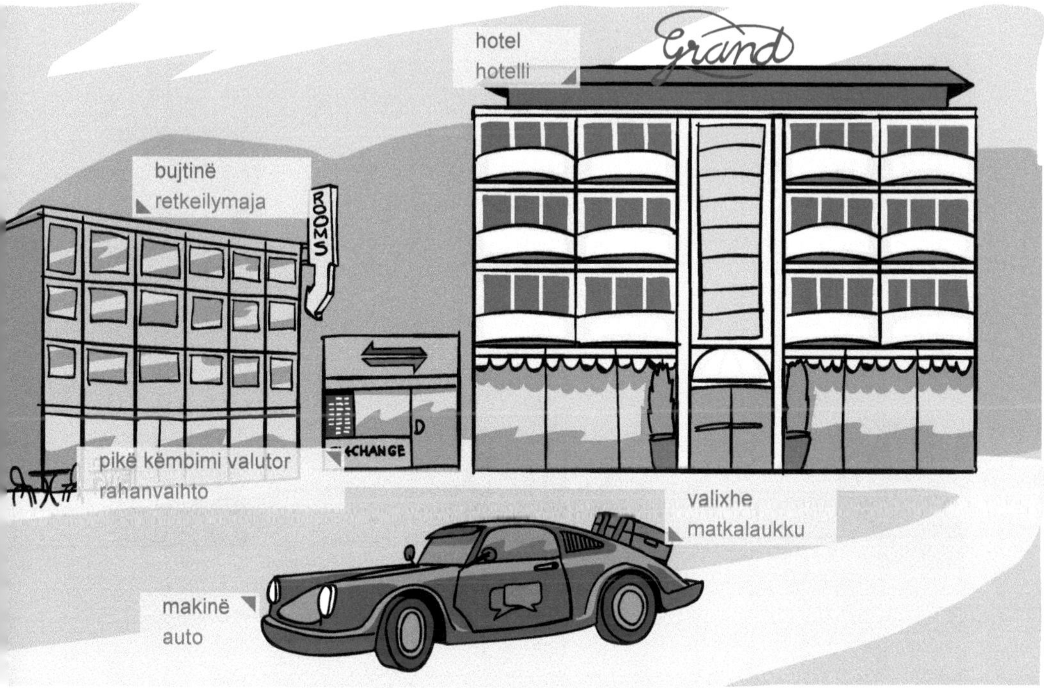
hotel
hotelli
Grand
bujtinë
retkeilymaja
ROOMS
pikë këmbimi valutor
rahanvaihto
EXCHANGE
valixhe
matkalaukku
makinë
auto

gjuhë

kieli

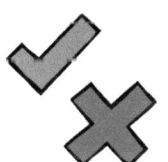

po / jo

kyllä / ei

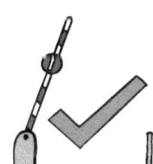

Në rregull

selvä

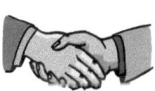

ç'kemi

hei

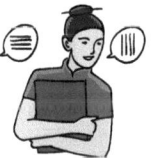

përkthyes

tulkki

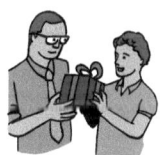

Faleminderit

kiitos

sa kushton…?

Paljonko…maksaa?

nuk e kuptoj

en ymmärrä

problem

ongelma

Mirëmbrëma!

Hyvää iltaa!

Mirëmëngjes!

Hyvää huomenta!

Natën e mirë!

Hyvää yötä!

mirupafshim

näkemiin

drejtim

suunta

bagazhet

matkatavarat

çantë

laukku

çantë shpine

reppu

mysafir

vieras

dhomë

huone

thes gjumi

makuupussi

tendë

teltta

informacion për turistët

turisti-info

plazh

ranta

kartë krediti

luottokortti

mëngjes

aamupala

drekë

lounas

darkë

päivällinen

Biletë

matkalippu

ashensor

hissi

pulla

postimerkki

kufi

raja

doganë

tulli

ambasadë

suurlähetystö

vizë

viisumi

pasaportë

passi

transport
kuljetus

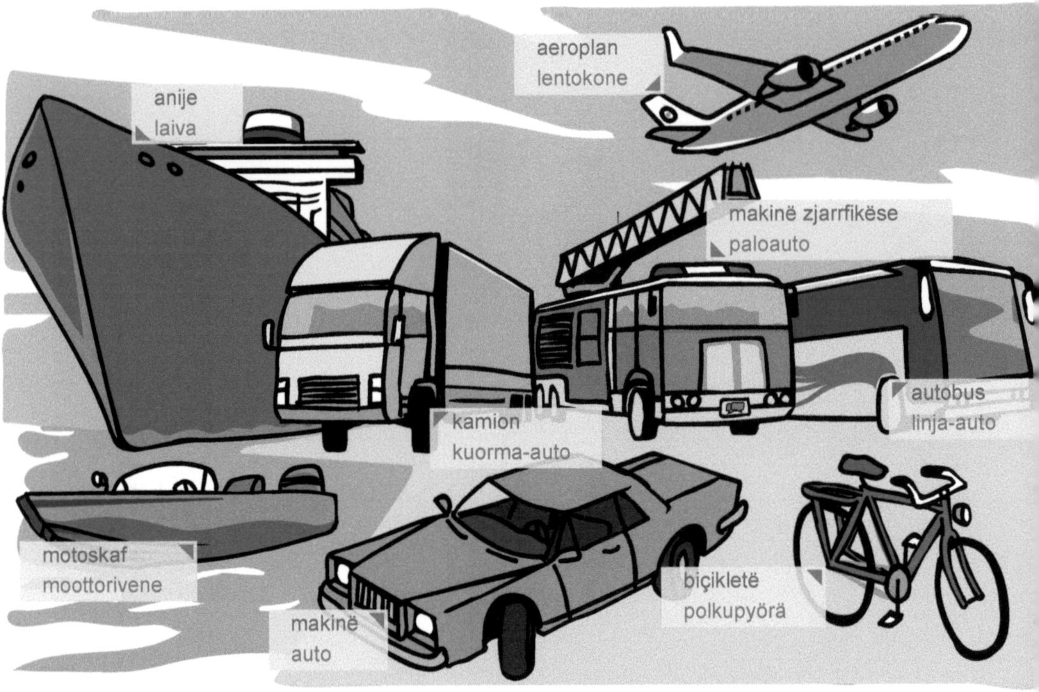

aeroplan
lentokone
anije
laiva
makinë zjarrfikëse
paloauto
autobus
linja-auto
kamion
kuorma-auto
motoskaf
moottorivene
biçikletë
polkupyörä
makinë
auto

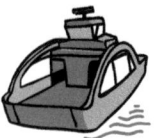

traget
lautta

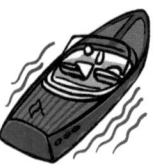

varkë
vene

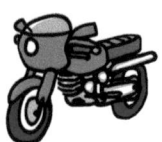

motoçikletë
moottoripyörä

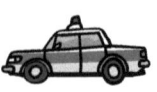

makinë policie
poliisiauto

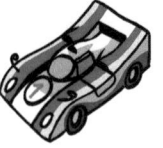

makinë garash
kilpa-auto

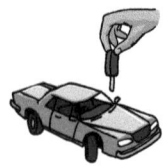

makinë me qira
vuokra-auto

ndarje e qirasë së makinës

car sharing

karroatrec

hinausauto

makinë plehrash

roska-auto

motor

moottori

benzinë

polttoaine

pikë karburanti

huoltoasema

sinjalistikë trafiku

liikennemerkki

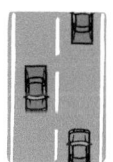

trafik

liikenne

bllokim trafiku

ruuhka

parkim makinash

parkkipaikka

stacion treni

rautatieasema

trase

raiteet

tren

juna

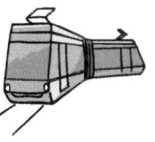

tramvaj

raitiovaunu

karro

vaunu

helikopter

helikopteri

aeroport

lentokenttä

kullë

lähilennonjohto

pasagjer

matkustaja

kontenier

kontti

kuti kartoni

pahvilaatikko

qerre

kärryt

shportë

kori

ngrihem / ulem

nousta / laskea

qytet

kaupunki

fshat

kylä

qendra e qytetit

keskusta

shtëpi

talo

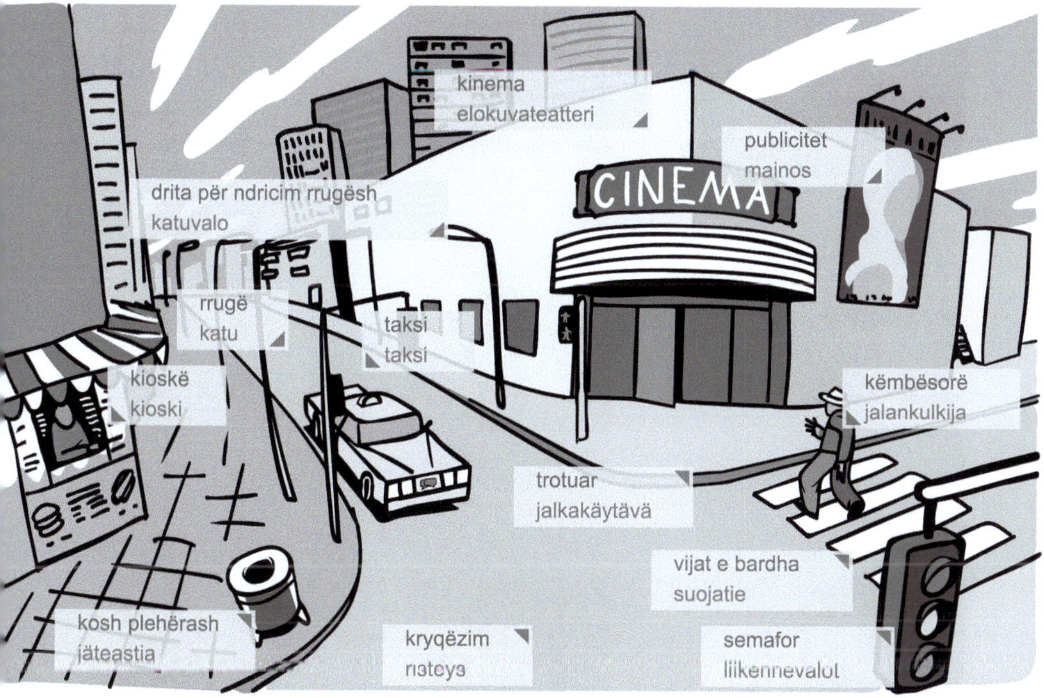

kinema
elokuvateatteri
publicitet
mainos
CINEMA
drita për ndricim rrugësh
katuvalo
rrugë
katu
taksi
taksi
kioskë
kioski
këmbësorë
jalankulkija
trotuar
jalkakäytävä
vijat e bardha
suojatie
kosh plehërash
jäteastia
kryqëzim
risteys
semafor
liikennevalot

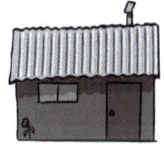

kasolle

mökki

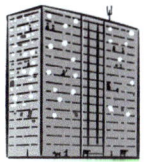

apartament

kerrostalo

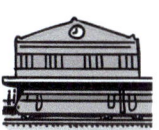

stacion treni

rautatieasema

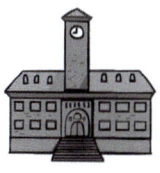

bashki

kaupungintalo

MUSEUM

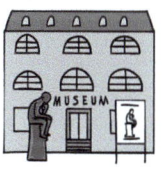

muze

museo

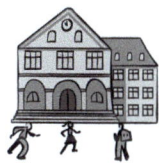

shkolla

koulu

universitet

yliopisto

bankë

pankki

spital

sairaala

hotel

hotelli

farmaci

apteekki

zyrë

toimisto

librari

kirjakauppa

dyqan

liike

dyqan lulesh

kukkakauppa

supermarket

supermarketti

market

tori

mapo

tavaratalo

dyqan peshku

kalakauppias

qëndër tregtare

ostoskeskus

port

satama

park

puisto

stol

penkki

urë

silta

shkallë

portaat

metro

metro

tunel

tunneli

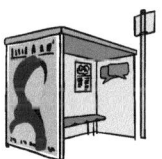

stacion autobuzi

linja-autopysäkki

bar

baari

restorant

ravintola

kuti postare

postilaatikko

sinjalistikë rrugore

katukyltti

kohëmatës parkimi

parkkimittari

kopsht zoologjik

cläintarha

pishinë

uimala

xhami

moskeija

fermë
....
maatila

ndotje
....
ympäristön saastuminen

varrezë
....
hautausmaa

kishë
....
kirkko

shesh lojërash
....
leikkikenttä

tempull
....
temppeli

peisazh
maisema

gjethe
lehti

tabela orientuese
tienviitta

rrugë
tie

livadh
niitty

gurë
kivi

ekskursionist
retkeilijä

pemë
puu

lumë
joki

bar
ruoho

lule
kukka

luginë
laakso

kodër
vuori

liqen
järvi

pyll
metsä

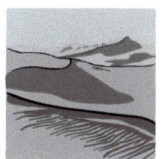

shkretëtirë
aavikko

vullkan
tulivuori

kështjellë
linna

ylber
sateenkaari

kepudhë
sieni

palmë
palmu

mushkonjë
hyttynen

mizë
kärpänen

milingonë
muurahainen

bletë
mehiläinen

merimangë
hämähäkki

brumbull

kovakuoriainen

bretkosë

sammakko

ketër

orava

iriq

siili

lepur

jänis

buf

pöllö

zog

lintu

mjellmë

joutsen

derr i egër

villisika

dre

peura

dre brilopatë

hirvi

digë

pato

turbinë ere

tuulimylly

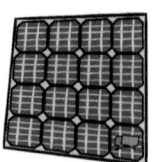

panel diellor

aurinkopaneeli

klimë

ilmasto

restorant
ravintola

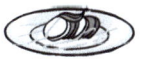

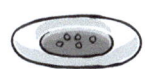

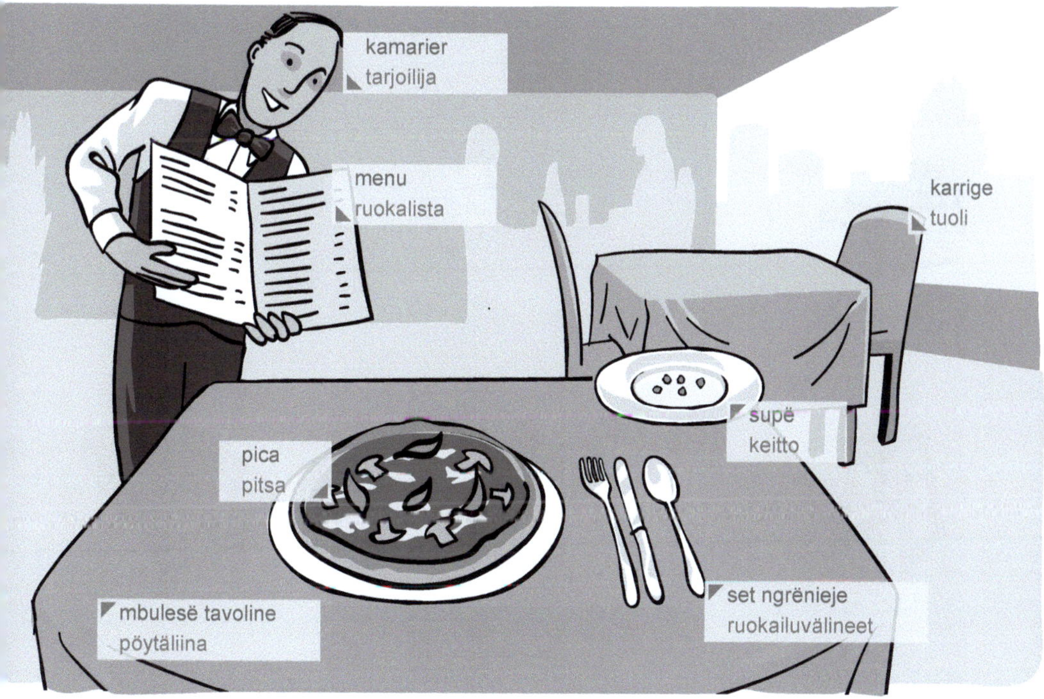
kamarier
tarjoilija
menu
ruokalista
karrige
tuoli
supë
keitto
pica
pitsa
mbulesë tavoline
pöytäliina
set ngrënieje
ruokailuvälineet

pjatë e parë

alkuruoka

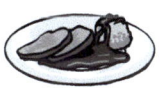

pjatë kryesore

pääruoka

ëmbëlsirë

jälkiruoka

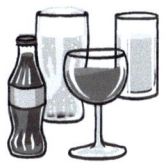

pije

juomat

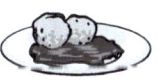

ushqim

ruoka

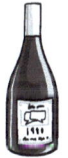

shishe

pullo

ushqim i shpejtë

pikaruoka

ushqim i shërbyer në rrugë

katuruoka

ibrik çaji

teekannu

kuti sheqeri

sokeriastia

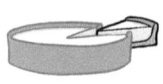

racion

annos

makinë kafeje ekspres

espressokeitin

karrige e lartë

syöttötuoli

faturë

lasku

tabaka

tarjotin

thika

veitsi

pirun

haarukka

lugë

lusikka

lugë çaji

teelusikka

pecetë

servietti

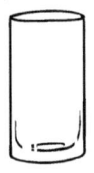

gotë

lasi

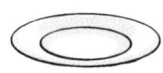

pjatë
lautanen

pjatë supe
syvä lautanen

pjatë filxhani
aluslautanen

salcë
kastike

mbajtëse kripe
suolasirotin

mulli piperi
pippurimylly

uthull
etikka

vaj
öljy

erëza
mausteet

keçap
ketsuppi

mustardë
sinappi

majonezë
majoneesi

supermarket
supermarketti

ofertë speciale
tarjous
klient
asiakas
produkte bulmeti
maitotuotteet
frut
hedelmät
karrocë pazari
ostoskärryt
FOR

BUTCHERS

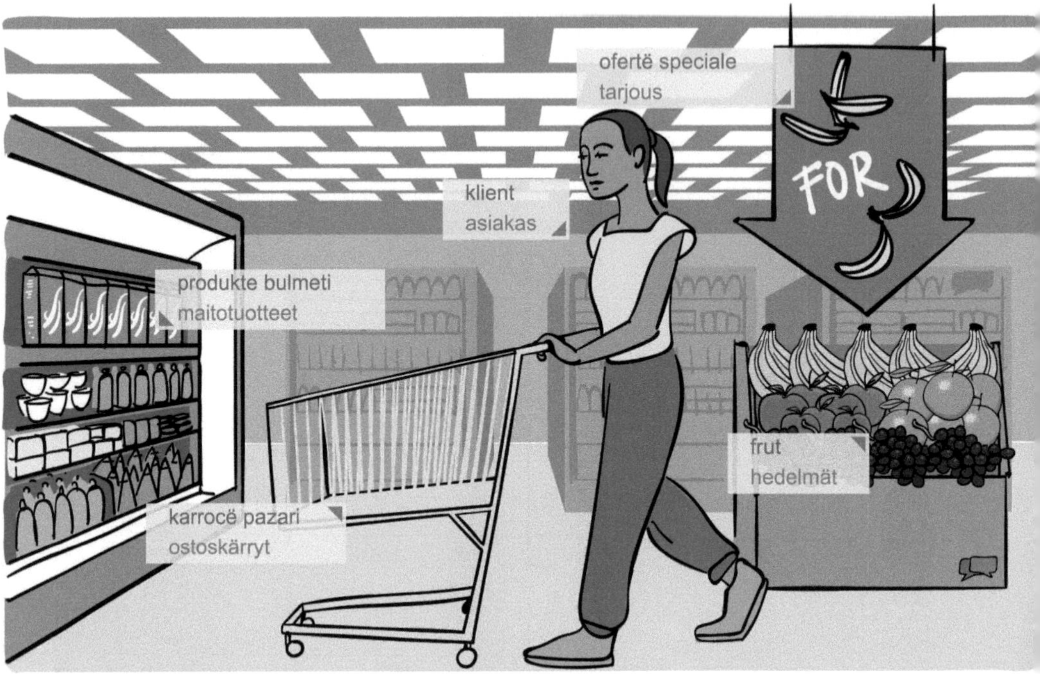

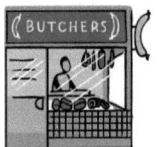

dyqan mishi

teurastamo

BAKERY

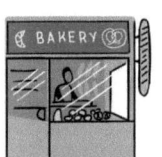

furrë buke

leipomo

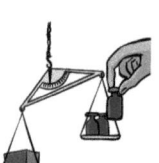

peshoj

punnita

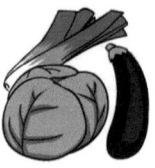

perime

kasvikset

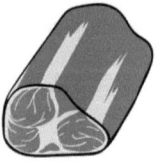

mish

liha

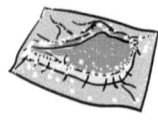

ushqim i ngrirë

pakasteet

copë
leikkele

ushqim i konservuar
säilykkeet

pluhur larës
pesujauhe

ëmbëlsirat
makeiset

prodhime shtëpie
kotitaloustarvikkeet

produkte pastrimi
puhdistusaineet

shitëse
myyjä

kasë fiskale
kassa

arkëtar
kassanhoitaja

listë blerjeje
ostoslista

oraret e punës
aukioloajat

portofol
lompakko

kartë krediti
luottokortti

çantë
kassi

qese plastike
muovipussi

ujë

vesi

lëng frutash

mehu

qumësht

maito

koka-kola

kokis

verë

viini

birrë

olut

alkool

alkoholi

kakao

kaakao

çaj

tee

kafe

kahvi

kafe ekspres

espresso

kapuçino

cappuccino

banane

banaani

mollë

omena

portokalle

appelsiini

pjepër

meloni

limon

sitruuna

karrotë

porkkana

hudhër

valkosipuli

bambu

bambu

qepë

sipuli

kërpudha

sieni

arra

pähkinät

makarona

spagetti

spageti

spagetti

oriz

riisi

sallatë

salaatti

patate të skuqura

ranskalaiset

patate të skuqura

paistetut perunat

pica

pitsa

hamburger

hampurilainen

sanduiç

voileipä

shnicel

leike

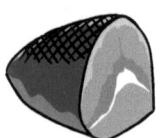

proshutë

kinkku

sallam

salami

salçiçe

makkara

pulë

kana

skuq

paisti

peshk

kala

tërshërë
kaurahiutaleet

drithëra
mysli

kornfleiks
murot

miell
jauho

kruasant
voisarvi

panine
sämpylä

bukë
leipä

tost
paahtoleipä

biskotë
keksit

gjalp
voi

gjizë
rahka

tortë
kakku

vezë
kananmuna

vezë sy
paistettu kananmuna

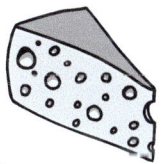

djathë
juusto

akullore

jäätelö

sheqer

sokeri

mjaltë

hunaja

marmaladë

hillo

çokokrem

suklaapähkinälevite

këri

curry

fermë
maatila

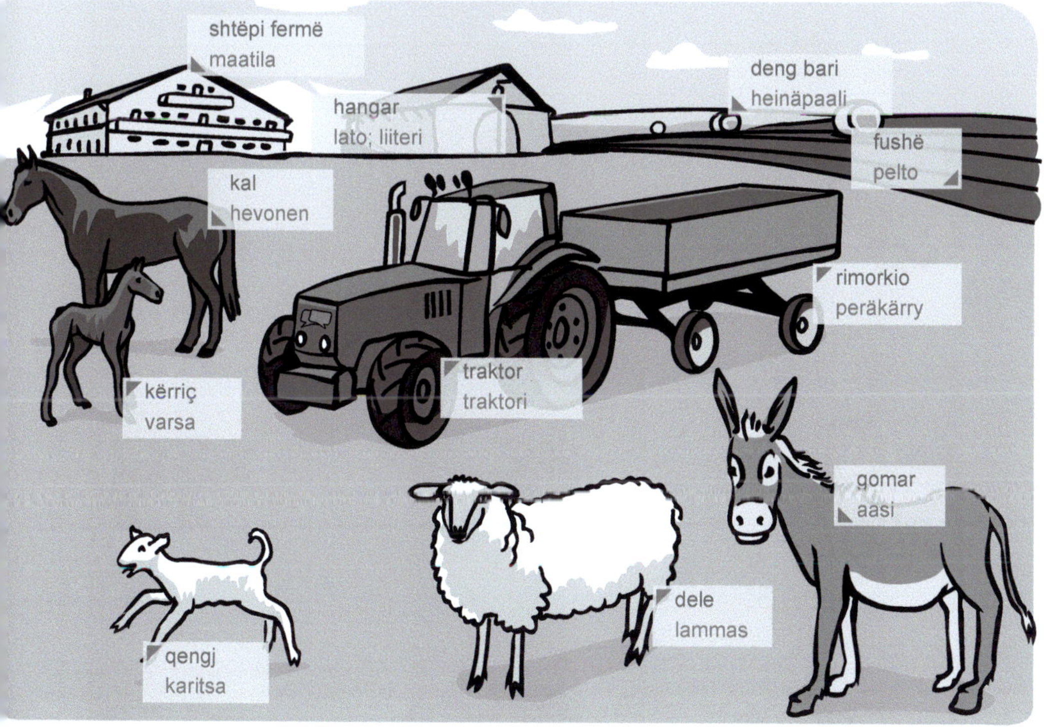
shtëpi fermë
maatila
hangar
lato; liiteri
deng bari
heinäpaali
fushë
pelto
kal
hevonen
rimorkio
peräkärry
traktor
traktori
kërriç
varsa
gomar
aasi
dele
lammas
qengj
karitsa

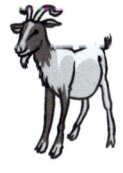

dhi
vuohi

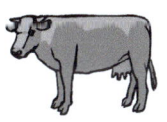

lopë
lehmä

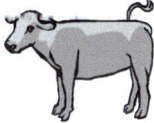

viç
vasikka

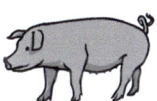

derr
sika

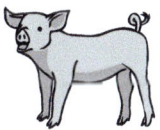

derrkuc
porsas

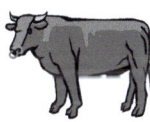

dem
sonni

patë
hanhi

rosë
ankka

zog pule
tipu

pulë
kana

gjel
kukko

mi
rotta

mace
kissa

mi
hiiri

buall
härkä

qen
koira

kolibe qeni
koirankoppi

zorrë vaditëse
puutarhaletku

vaditëse
kastelukannu

kosë
viikate

plug
aura

drapër
sirppi

shat
kuokka

kosa
talikko

sëpatë
kirves

karrocë
kottikärryt

govatë
kaukalo

bidon qumështi
maitokannu

thes
säkki

gardh
aita

ahur
talli

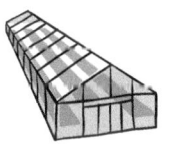

serë
kasvihuone

dhe
maa

farë
siemen

pleh
lannoite

autokombanjë
leikkuupuimuri

korr

kerätä sato

te korrat

sato

patate e ëmbël "Yam"

jamssit

grurë

vehnä

soja

soija

patate

peruna

misër

maissi

raps

rypsi

pemë frutore

hedelmäpuu

zhardhok manioku

maniokki

drithëra

vilja

shtëpi

talo

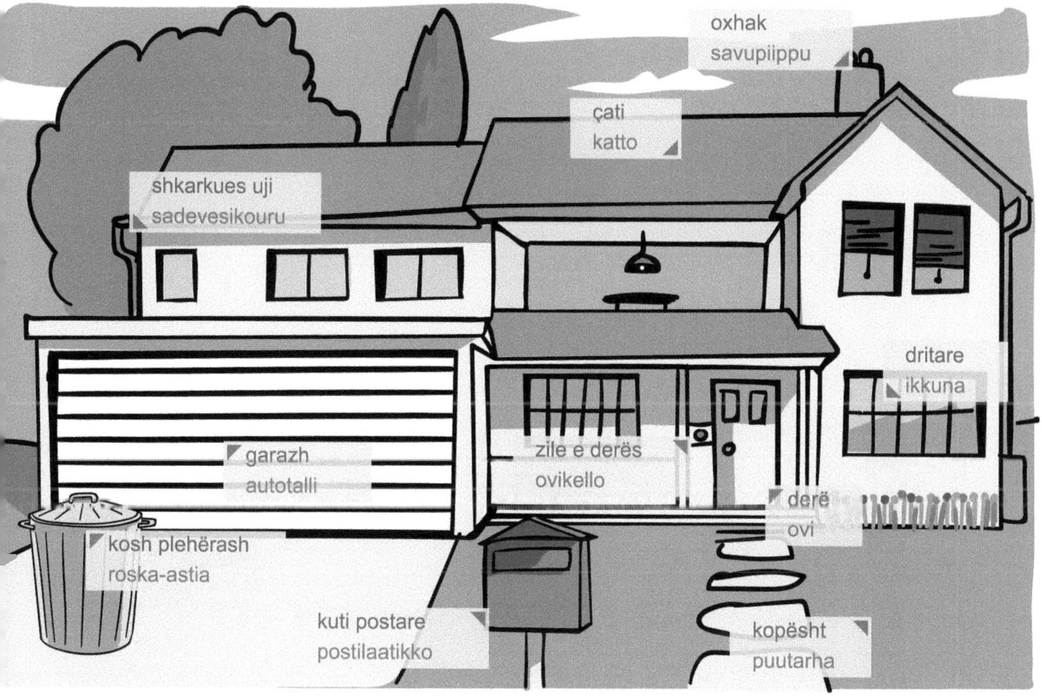

oxhak
savupiippu
çati
katto
shkarkues uji
sadevesikouru
dritare
ikkuna
garazh
autotalli
zile e derës
ovikello
derë
ovi
kosh plehërash
roska-astia
kuti postare
postilaatikko
kopësht
puutarha

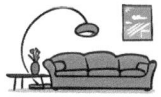

dhomë ndenjeje

olohuone

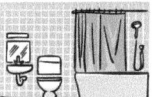

tualet

kylpyhuone

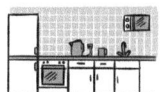

kuzhinë

keittiö

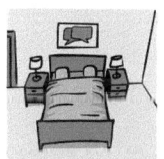

dhomë gjumi

makuuhuone

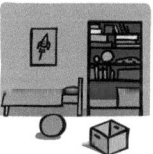

dhomë fëmijësh

lastenhuone

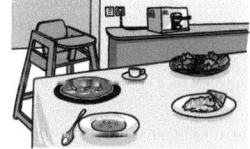

dhomë ngrënieje

ruokahuone

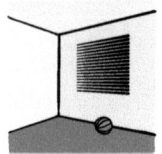

dysheme
lattia

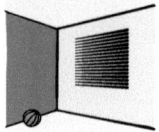

mur
seinä

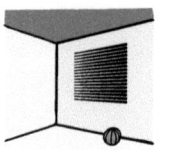

tavan
katto

bodrum
kellari

sauna
sauna

ballkon
parveke

tarracë
terassi

pishinë
uima-allas

kositëse bari
ruohonleikkuri

çarçaf
lakana

kuvertë
päiväpeitto

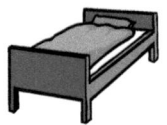

krevat
sänky

fshesë dore
harja

kovë
ämpäri

çelës
katkaisin

32   shtëpi - talo

dhomë ndenjeje
olohuone

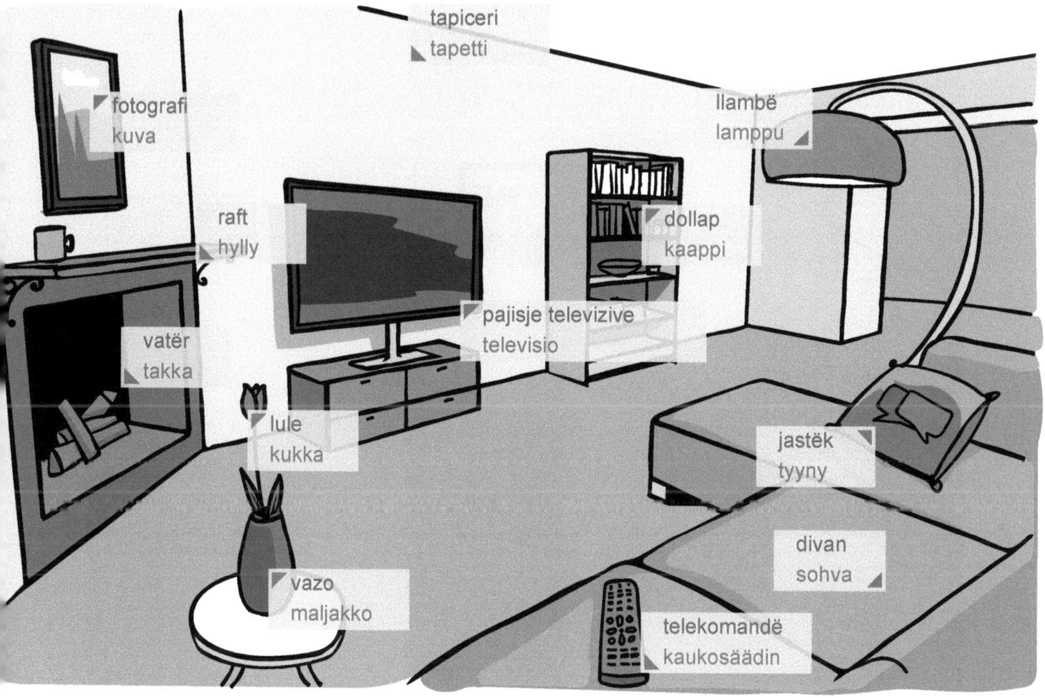
tapiceri
tapetti
fotografi
kuva
llambë
lamppu
raft
hylly
dollap
kaappi
pajisje televizive
televisio
vatër
takka
lule
kukka
jastëk
tyyny
divan
sohva
vazo
maljakko
telekomandë
kaukosäädin

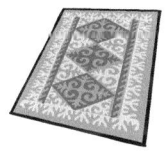

qilim

matto

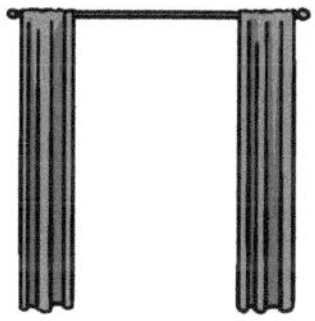

perde

verho

tavolinë

pöytä

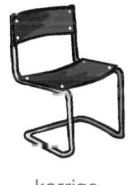

karrige

tuoli

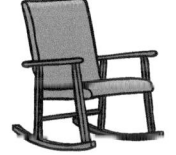

karrige lëkundëse

keinutuoli

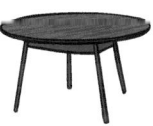

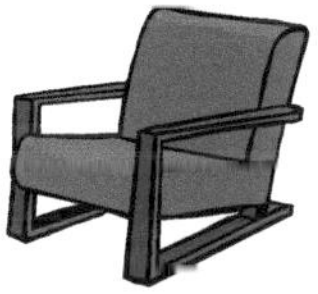

kolltuk

nojatuoli

libri

kirja

batanije

peitto

zbukurime

koriste

dru zjarri

polttopuut

film

elokuva

stereo

stereot

çelës

avain

gazetë

sanomalehti

pikturë

maalaus

afishe

juliste

radio

radio

bllok shënimesh

muistivihko

fshesë me korent

pölynimuri

kaktus

kaktus

qiri

kynttilä

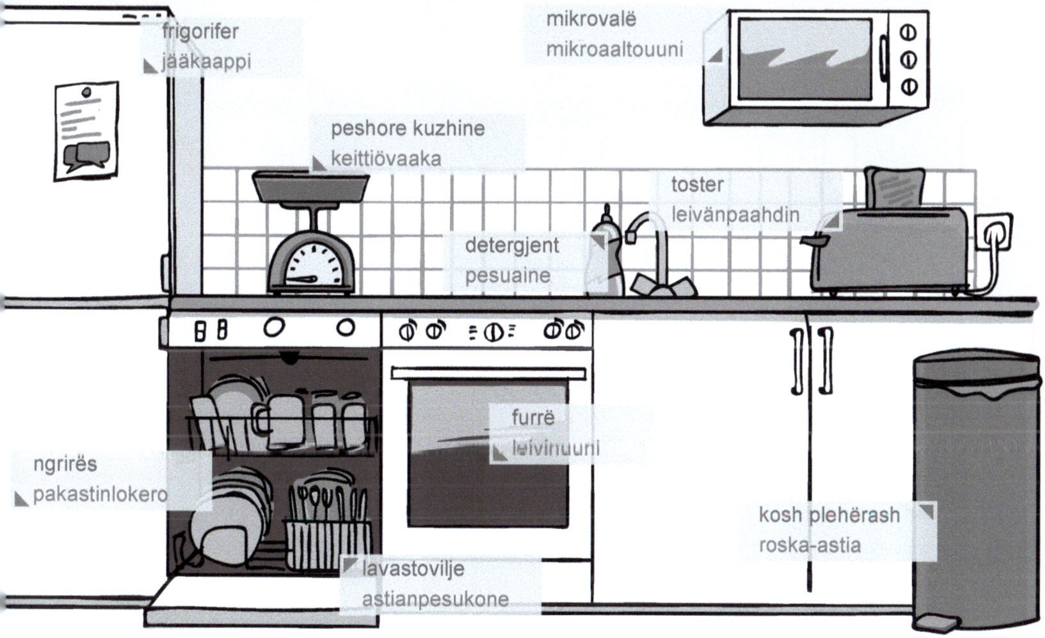

frigorifer
jääkaappi

mikrovalë
mikroaaltouuni

peshore kuzhine
keittiövaaka

toster
leivänpaahdin

detergjent
pesuaine

furrë
leivinuuni

ngrirës
pakastinlokero

kosh plehërash
roska-astia

lavastovilje
astianpesukone

sobë	tenxhere	tenxhere me kapak
liesi	kattila	rautapata

tigan special (Wok)	tigan	çajnik
vokkipannu / kadai-pannu	paistinpannu	teepannu

tenxhere me avull

höyrykeitin

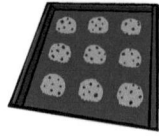

tavë pjekjeje

uunipelti

enë

astiat

filxhan

muki

tas

kulho

shkopinj

syömäpuikot

garuzhde

kauha

spatul

paistinlasta

tel kuzhine

vispilä

kulluese

siivilä

sitë

siivilä

rende

raastin

havan

mortteli

skarë

grilli

zjarr

avotuli

dërrasë për prerje

leikkuulauta

okllai

kaulin

heqëse tapash

korkinavaaja

kanaçe

purkki

hapëse kanaçeje

purkinavaaja

rrobë për të kapur tenxheren

pannulappu

lavaman

lavuaari

furçë

tiskiharja

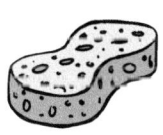

sfungjer

pesusieni

përzjerës

tehosekoitin

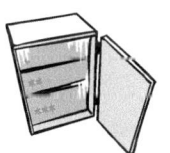

ngrirës

pakastin

biberon për lëngje

tuttipullo

rubinet

vesihana

tualet
kylpyhuone

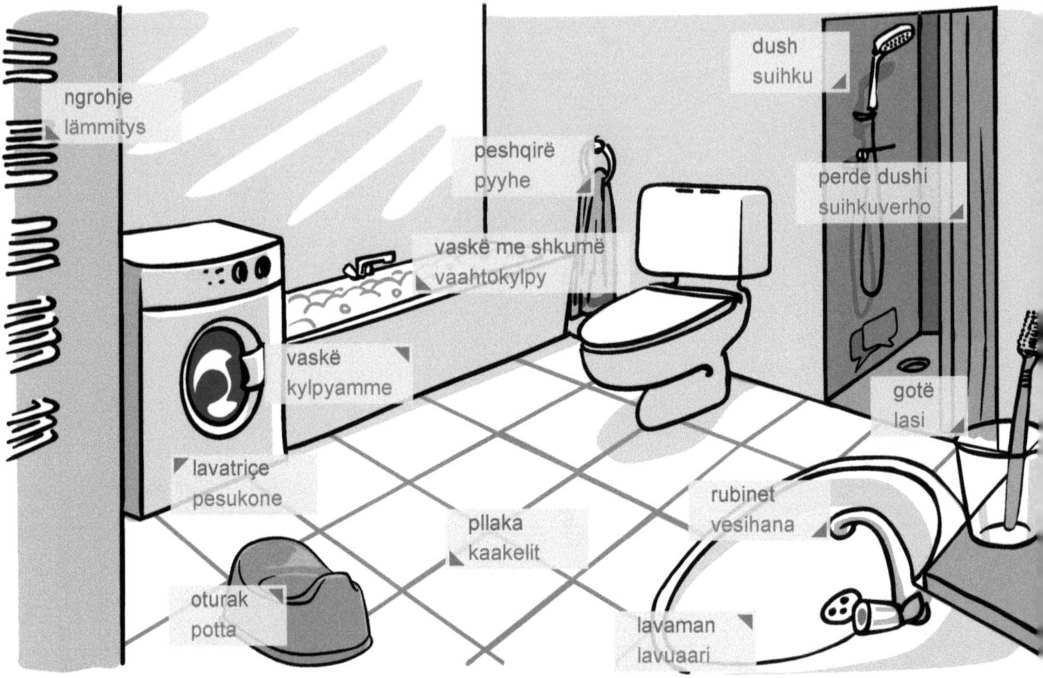
ngrohje
lämmitys
peshqirë
pyyhe
dush
suihku
perde dushi
suihkuverho
vaskë me shkumë
vaahtokylpy
vaskë
kylpyamme
gotë
lasi
lavatriçe
pesukone
rubinet
vesihana
pllaka
kaakelit
oturak
potta
lavaman
lavuaari

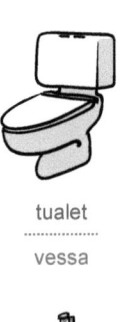

tualet
vessa

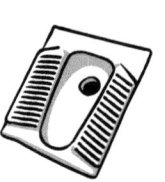

WC e sheshtë
kyykkyvessa

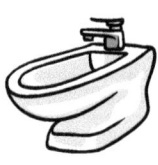

bide
bidee

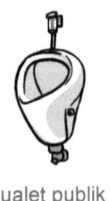

tualet publik
pisuaari

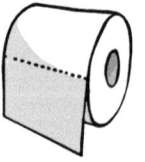

letër higjienike
vessapaperi

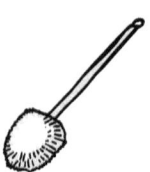

furçe për WC
vessaharja

furçë dhëmbësh

hammasharja

pastë dhëmbësh

hammastahna

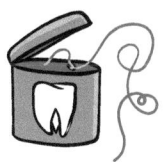

fije dentare

hammaslanka

laj

pestä

dorezë dushi

käsisuihku

larës për zonën intime

intiimisuihku

legen

pesuvati

furçë për masazh shpine

selkäharja

sapun

saippua

shampo trupi

suihkugeeli

shampo

shampoo

leckë pastruese

pesulappu

kullues

viemäri

krem

voide

antidjersë

deodorantti

pasqyrë

peili

pasqyrë dore

käsipeili

brisk rroje

partaveitsi

shkumë rroje

partavaahto

locion pas rrojes

partavesi

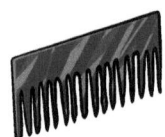

krehër

kampa

furçë

harja

tharëse flokësh

hiustenkuivaaja

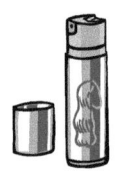

llak për flokët

hiuslakka

grim

meikki

buzëkuq

huulipuna

manikyr

kynsilakka

mbushje pambuku

pumpuli

gërshërë për thonj

kynsisakset

parfum

hajuvesi

çantë për sendet personale

kosmetiikkalaukku

Stol

jakkara

peshore

vaaka

robëdëshambër

kylpytakki

dorashka gome

kumihansikkaat

tampon

tamponi

peceta higjienike

terveysside

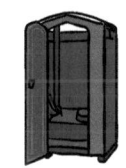

tualet I lëvizshëm

kemiallinen wc

dhomë fëmijësh
lastenhuone

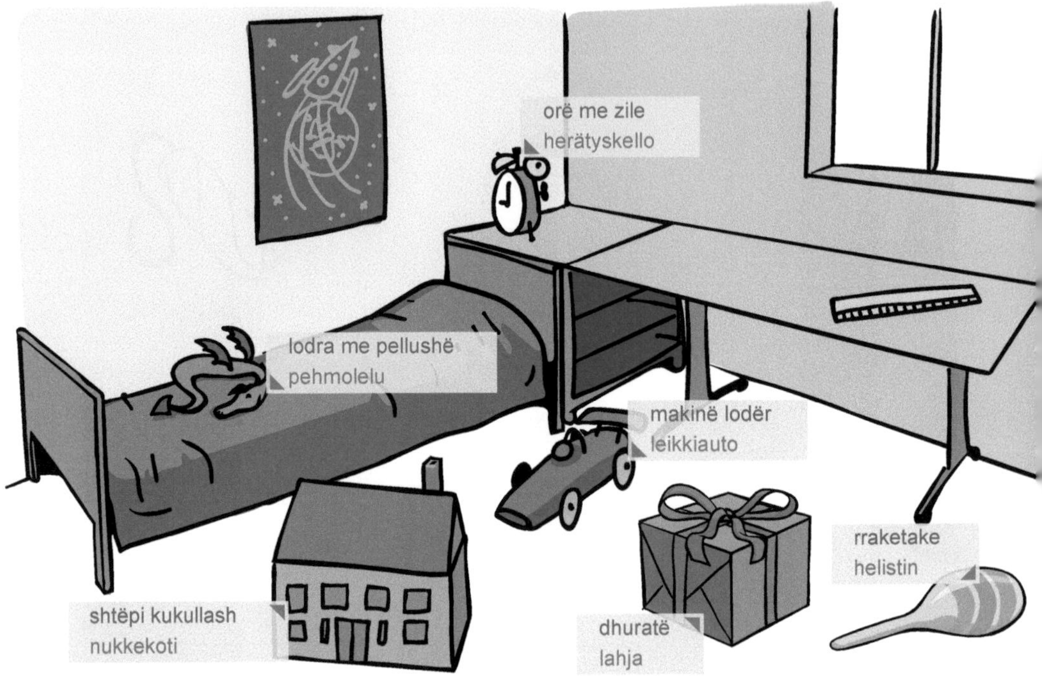
orë me zile
herätyskello
lodra me pellushë
pehmolelu
makinë lodër
leikkiauto
rraketake
helistin
shtëpi kukullash
nukkekoti
dhuratë
lahja

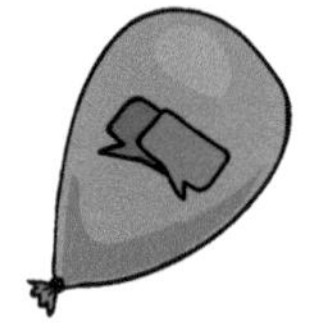

tollumbace

ilmapallo

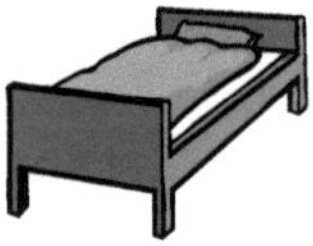

krevat

sänky

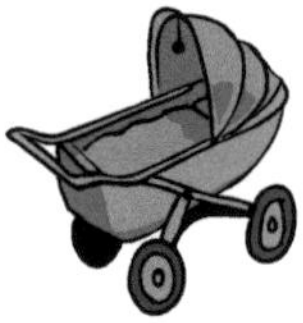

karrocë fëmijësh

lastenvaunut

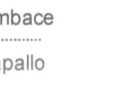

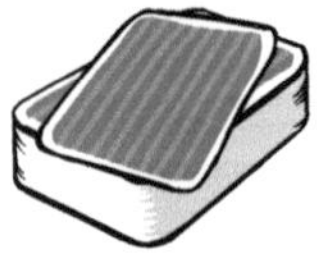

lojë me letra

korttipeli

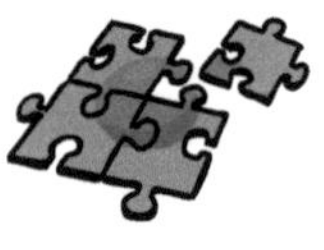

bashkim pjesësh me figura

palapeli

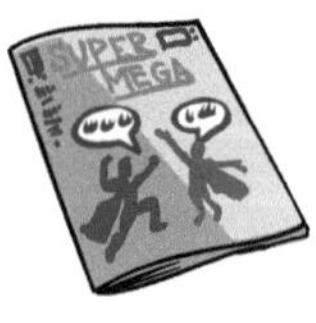
SUPER
MEGA

komik

sarjakuva

formuese lodër

legopalikat

kuba plastikë

rakennuspalikat

lodra

supersankari

badi

potkupuku

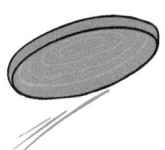

frizbi

frisbee

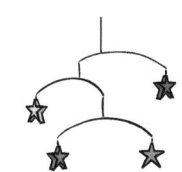

lodra të varura tek krevati i fëmijëve

mobile

tavolinë lojërash

lautapeli

zare

noppa

model treni

pienoisjunarata

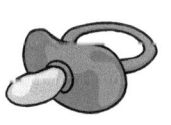

biberon

tutti

festë

juhlat

libër me ilustrime

kuvakirja

top

pallo

kukull

nukke

luaj

leikkiä

grumbull rëre

hiekkalaatikko

kolovarëse

keinu

lodra

lelut

leva për lojra video

pelikonsoli

triçikël

kolmipyörä

arush prej pellushi

nalle

garderobë

vaatekaappi

veshje

vaatteet

çorape

sukat

çorape të gjata

nylonsukat

geta

sukkahousut

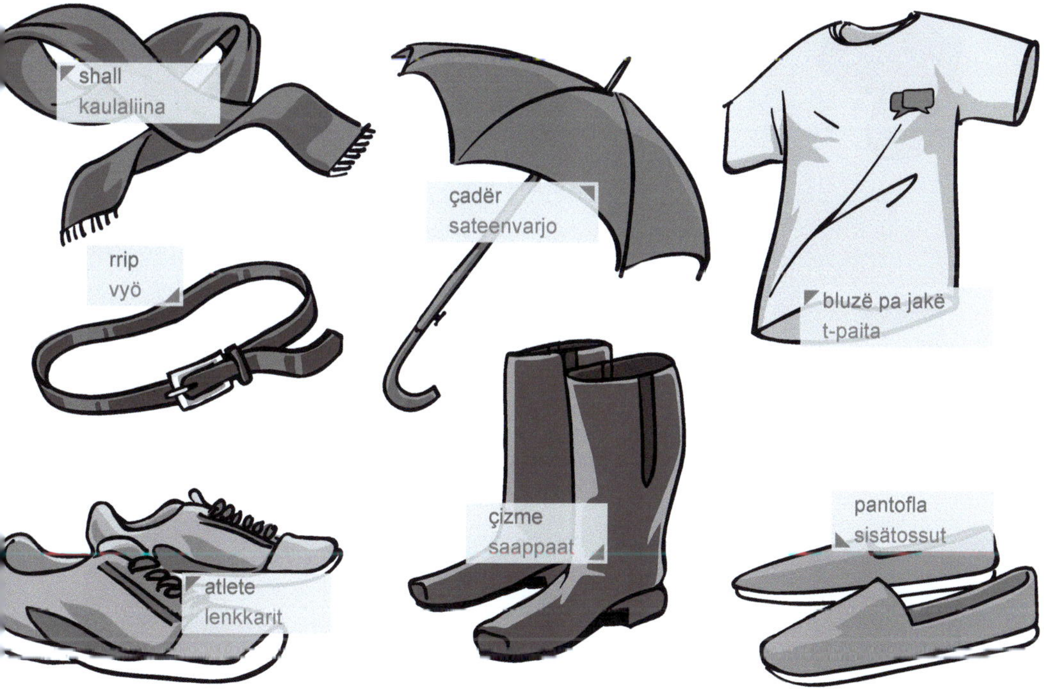

shall
kaulaliina

çadër
sateenvarjo

rrip
vyö

bluzë pa jakë
t-paita

çizme
saappaat

pantofla
sisätossut

atlete
lenkkarit

sandale
....
sandaalit

këpucë
....
kengät

çizme llastiku
....
kumisaappaat

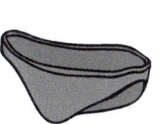

të mbathura
....
alushousut

reçipeta
....
rintaliivit

kanotierë
....
aluspaita

trup
body

pantallona
housut

xhinse
farkut

fund
hame

bluzë
pusero

këmishë
paita

pulovër
villapaita

triko
collegepaita

xhaketë
jakku

xhaketë
takki

pallto
takki

mushama shiu
sadetakki

kostum
puku

fustan
mekko

fustan nusërie
hääpuku

kostum

puku

këmishë nate

yöpaita

pizhama

pyjama

sari (veshje tradicionale indiane)

shari

shami koke

päähuivi

çallmë

turbaani

veshje për femrat e besimit musliman

burka

kaftan (lloj veshjeje tradicionale)

kaftaani

ferexhe

abaya

kostum banje

uimapuku

rroba banje

uimahousut

pantallona të shkurtra

shortsit

tuta sporti

verkkarit

përparëse

esiliina

dorashka

käsineet

kopsë

nappi

syze

silmälasit

byzylyk

rannekoru

gjerdan

kaulakoru

unazë

sormus

vath

korvakoru

kapuç

lippalakki

varëse për pallto

ripustin

kapele

hattu

kravatë

solmio

zinxhir

vetoketju

helmetë

kypärä

tiranda

henkselit

uniformë shkolle

koulupuku

uniformë

univormu

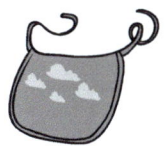

gushore

ruokalappu

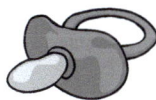

biberon

tutti

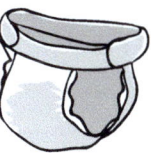

pelenë

vaippa

zyrë

toimisto

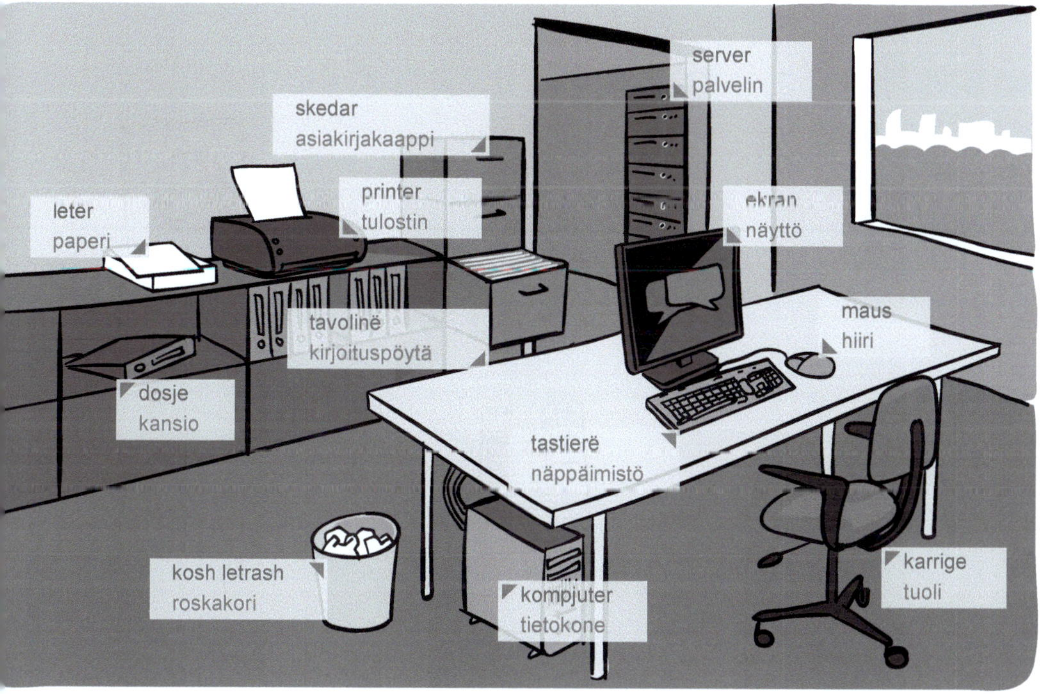

server
palvelin
skedar
asiakirjakaappi
printer
tulostin
leter
paperi
ekran
näyttö
maus
hiiri
tavolinë
kirjoituspöytä
dosje
kansio
tastierë
näppäimistö
karrige
tuoli
kosh letrash
roskakori
kompjuter
tietokone

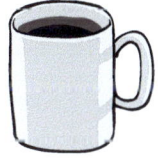

filxhan kafeje

kahvimuki

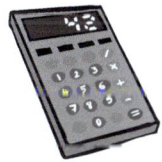

makinë llogaritëse

taskulaskin

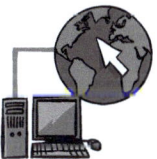

internet

internet

kompjuter portativ

kannettava tietokone

letër

kirje

mesazh

viesti

telefon

kännykkä

rrjet

verkko

fotokopje

kopiokone

program

ohjelmisto

telefon

puhelin

prizë

pistorasia

pajisje faksi

faksi

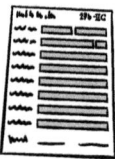

formular

lomake

dokument

asiakirja

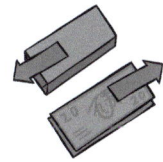

blej
....
ostaa

paguaj
....
maksaa

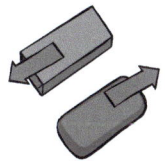

tregtoj
....
vaihtaa

para
....
raha

dollar
....
dolları

euro
....
euro

jen
....
Jenl

rubla
....
rupla

franga zvicerane
....
frangi

juani kinez
....
renminbi juan

rupje
....
rupia

bankomat
....
pankkiautomaatti

pikë këmbimi valutor

rahanvaihto

ar

kulta

argjend

hopea

nafta

öljy

energji

energia

çmim

hinta

kontratë

sopimus

taksë

vero

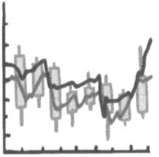

aksione

osake

punoj

työskennellä

punonjës

työntekijä

punëdhënës

työnantaja

fabrikë

tehdas

dyqan

liike

profesionet
ammatit

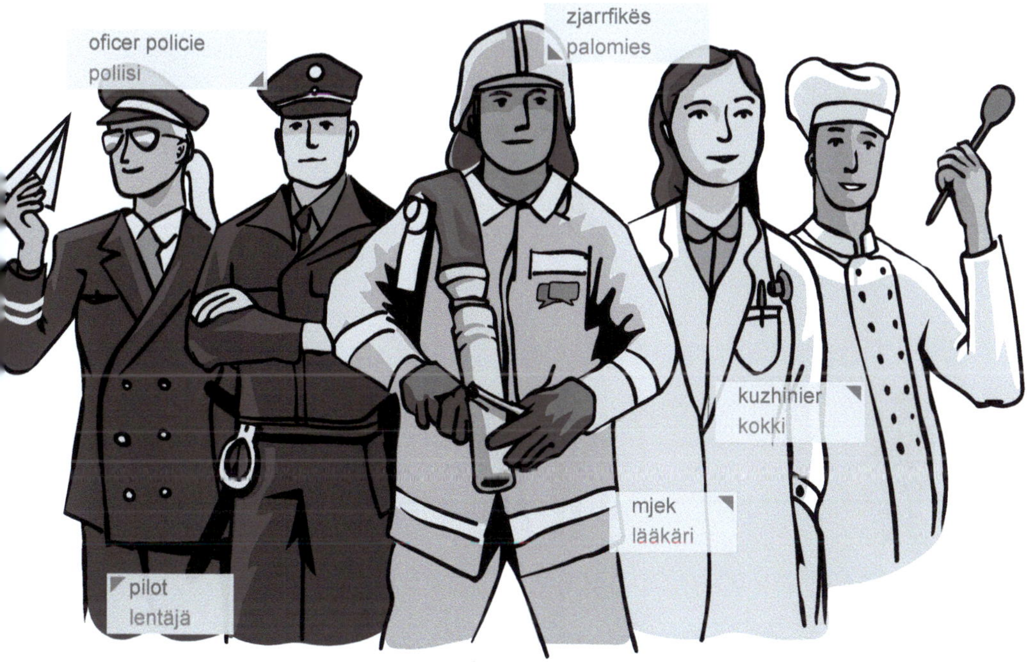
oficer policie
poliisi
zjarrfikës
palomies
kuzhinier
kokki
mjek
lääkäri
pilot
lentäjä

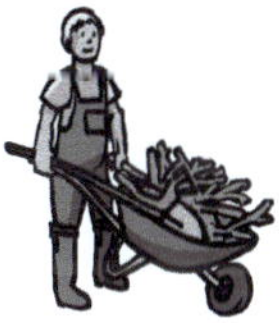

kopshtar

puutarhuri

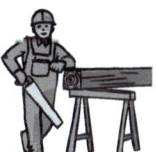

marangoz

puuseppä

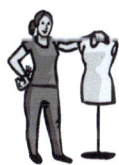

rrobaqepëse

ompelija

gjykatës

tuomari

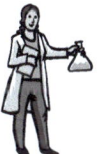

kimist

kemisti

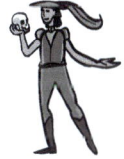

aktor

näyttelijä

shofer autobuzi

linja-autonkuljettaja

taksist

taksinkuljettaja

peshkatar

kalastaja

pastruese

siivooja

riparues çatish

katontekijä

kamarier

tarjoilija

gjuetar

metsästäjä

piktor

maalari

furrxhi

leipuri

elektriçist

sähköasentaja

ndërtues

rakentaja

inxhinier

insinööri

kasap

teurastaja

hidraulik

putkiasentaja

postieri

postinjakaja

profesionet - ammatit

ushtar

sotilas

arkitekt

arkkitehti

arkëtar

kassanhoitaja

luleshitës

floristi

berber

kampaaja

kontrollor

konduktööri

mekanik

mekaanikko

kapiten

kapteeni

dentist

hammaslääkäri

shkencëtar

tiedemies

rabin

rabbi

imam

imaami

murg

munkki

klerik

pappi

mjete
työkalut

çekiç
vasara
pinca
pihdit
kaçavidë
ruuvimeisseli
çelës mekanik
jakoavain
elektrik dore
taskulamppu

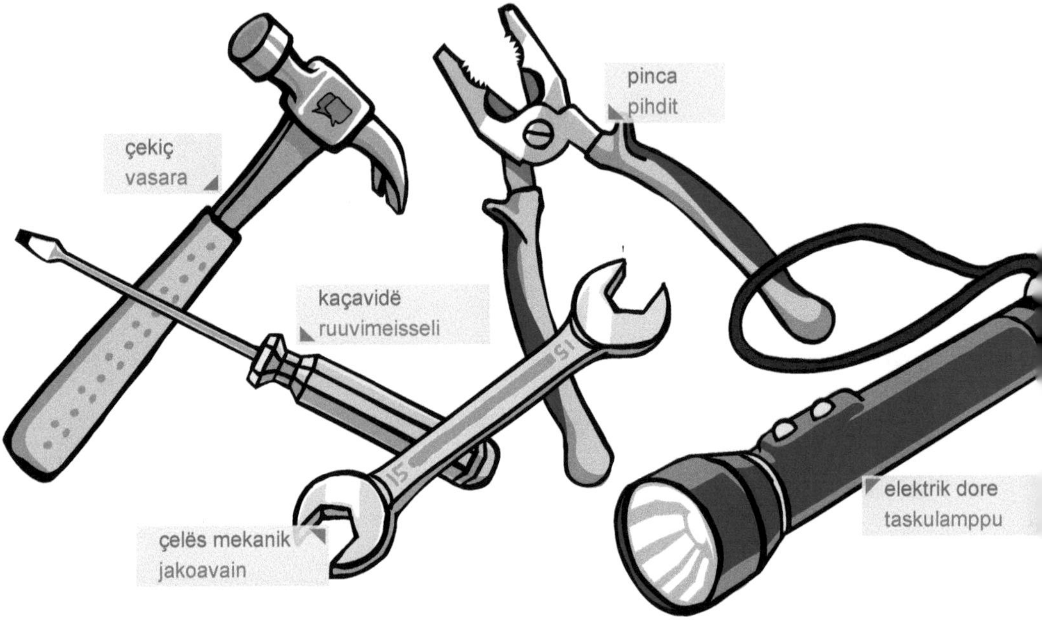

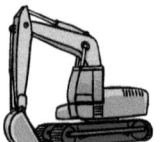

ekskavator

kaivinkone

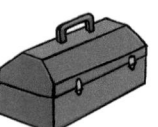

kuti veglash

työkalupakki

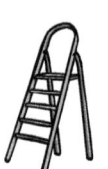

shkallë

tikkaat

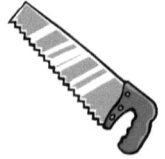

sharrë

saha

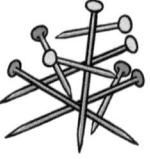

gozhdë

naulat

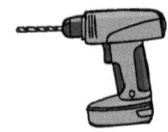

trapan

pora

riparoj

korjata

lopatë

lapio

Dreq!

Hitto!

kaci

rikkalapio

kuti boje

maalipurkki

vidhë

ruuvit

instrumenta muzikorë
soittimet

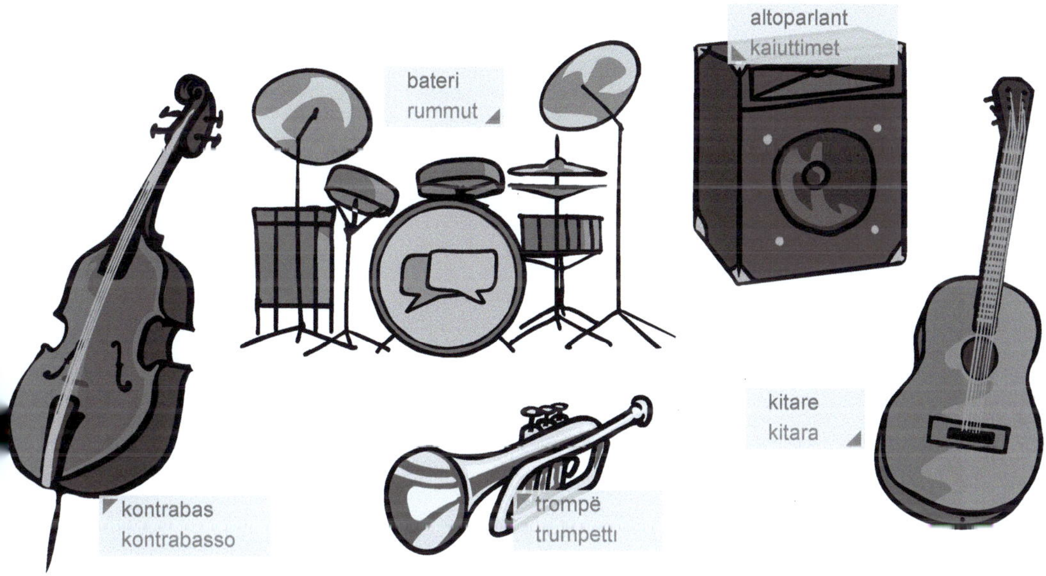

bateri
rummut

altoparlant
kaiuttimet

kitare
kitara

kontrabas
kontrabasso

trompë
trumpetti

piano

piano

violinë

viulu

bas

basso

tamburë

patarummut

daulle

rumpu

tastierë pianoje

kosketinsoitin

saksofon

saksofoni

flaut

huilu

mikrofon

mikrofoni

kopsht zoologjik
eläintarha

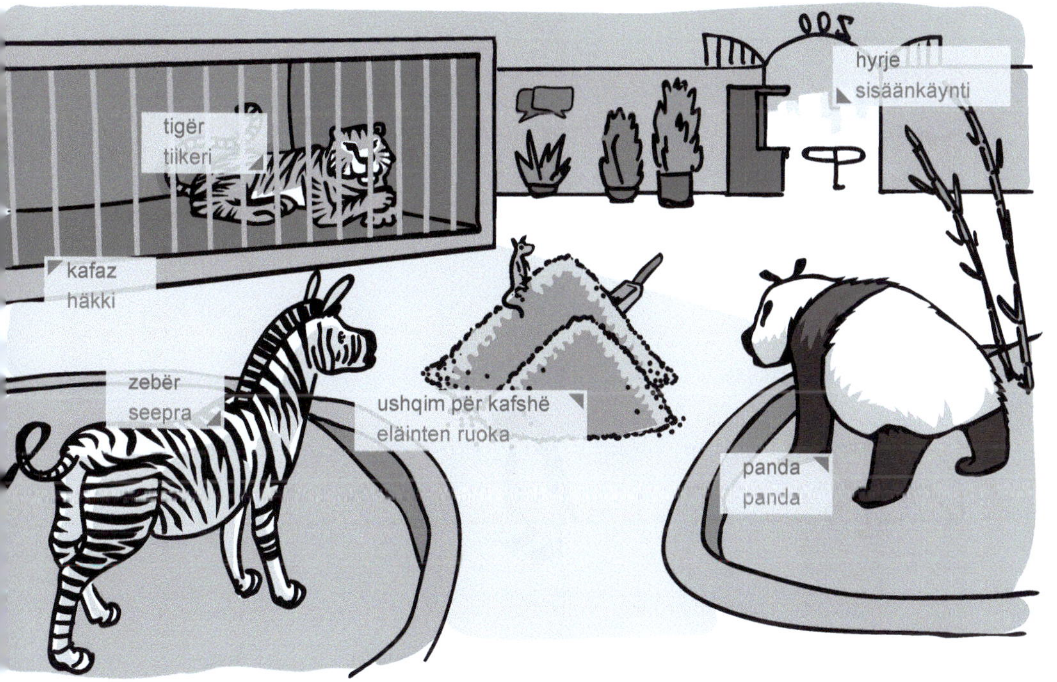
tigër
tiikeri
kafaz
häkki
zebër
seepra
ushqim për kafshë
eläinten ruoka
hyrje
sisäänkäynti
panda
panda

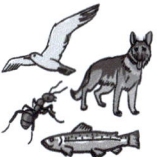

kafshë

eläimet

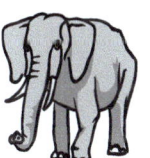

elefant

norsu

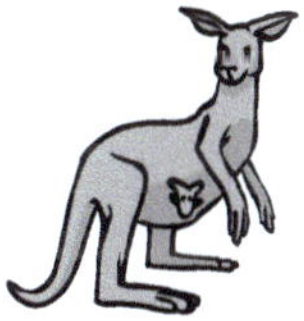

kangur

kenguru

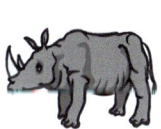

rinoceront

sarvikuono

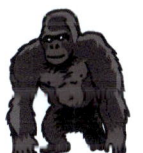

gorillë

gorilla

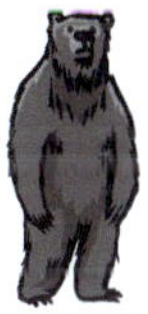

ari

karhu

deve

kameli

struc

strutsi

luan

leijona

majmun

apina

flamingo

flamingo

papagall

papukaija

ari polar

jääkarhu

pinguin

pingviini

peshkaqen

hai

pallua

riikinkukko

gjarpër

käärme

krokodil

krokotiili

punonjës i kopshtit zoologjik

eläintarhanhoitaja

fokë

hylje

xhaguar

jaguaari

poni
poni

leopard
leopardi

hipopotam
virtahepo

gjirafë
kirahvi

shqiponjë
kotka

derr i egër
villisika

peshk
kala

breshkë
kilpikonna

lopë deti
mursu

dhelpër
kettu

gazelë
gaselli

futboll amerikan
amerikkalainen jalkapallo

çiklizëm
pyöräily

tenis
tennis

basketboll
koripalli

not
uinti

hokej mbi akull
jääkiekko

boks
nyrkkeily

futboll
jalkapallo

badminton
sulkapallo

atletikë
yleisurheilu

hendboll
käsipallo

ski
hiihto

polo
poolo

aktivitet
aktiviteetit

hidhem
hypätä
përqafoj
halata
qesh
nauraa
eci
kävellä
këndoj
laulaa
ëndërroj
unelmoida
lutem
rukoilla
puth
suudella

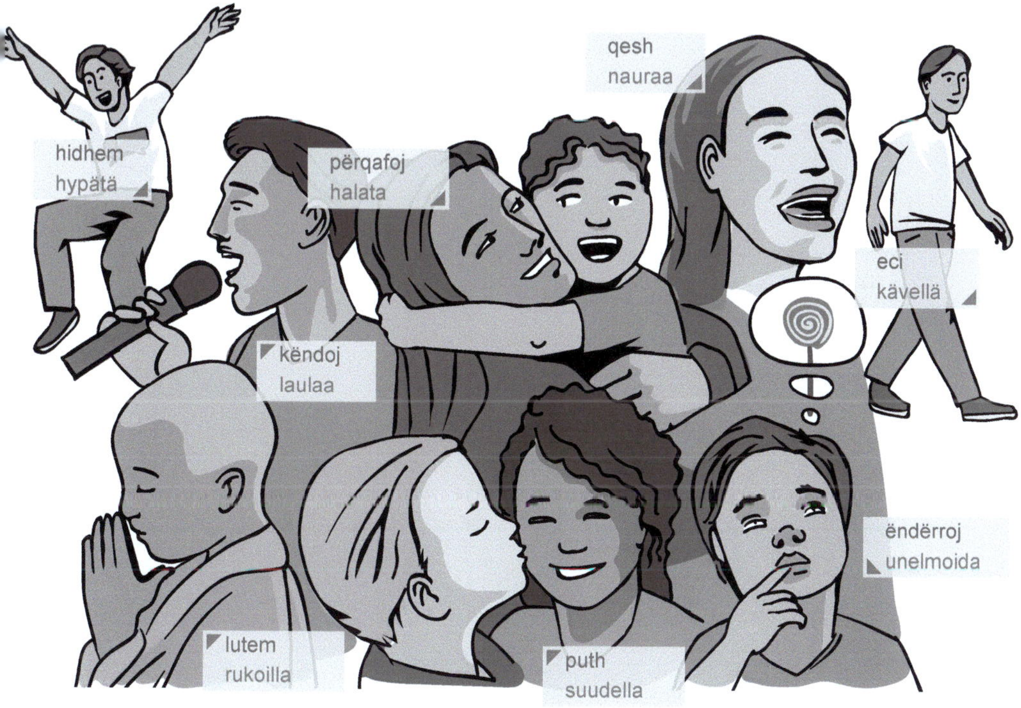

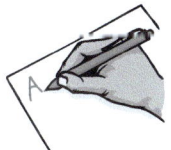

shkruaj

kirjoittaa

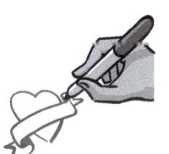

vizatoj

piirtää

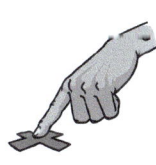

tregoj

näyttää

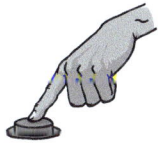

shtyj

painaa

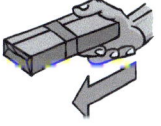

jap

antaa

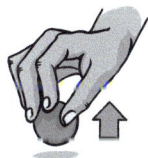

marr

ottaa

kam

omistaa

bëj

tehdä

jam

olla

qëndroj

seisoa

vrapoj

juosta

tërheq

vetää

hedh

heittää

bie

kaatua

shtrihem

maata

pres

odottaa

mbaj

kantaa

ulem

istua

vishem

pukeutua

fle

nukkua

zgjohem

herätä

shikoj

katsoa

qaj

itkeä

përkëdhel

silittää

kreh

kammata

bisedoj

puhua

kuptoj

ymmärtää

kërkoj

kysyä

dëgjoj

kuunnella

pi

juoda

ha

syödä

sistemoj

siivota

dashuroj

rakastaa

gatuaj

keittaa

drejtoj makinën

ajaa

fluturoj

lentää

aktivitet - aktiviteetit

lundroj

purjehtia

llogaris

laskea

lexoj

lukea

mësoj

oppia

punoj

työskennellä

martohem

mennä naimisiin

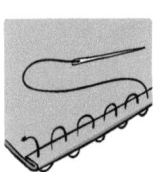

qep

ommella

laj dhëmbët

pestä hampaat

vras

tappaa

tymos

tupakoida

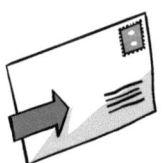

dërgoj

lähettää

familje
perhe

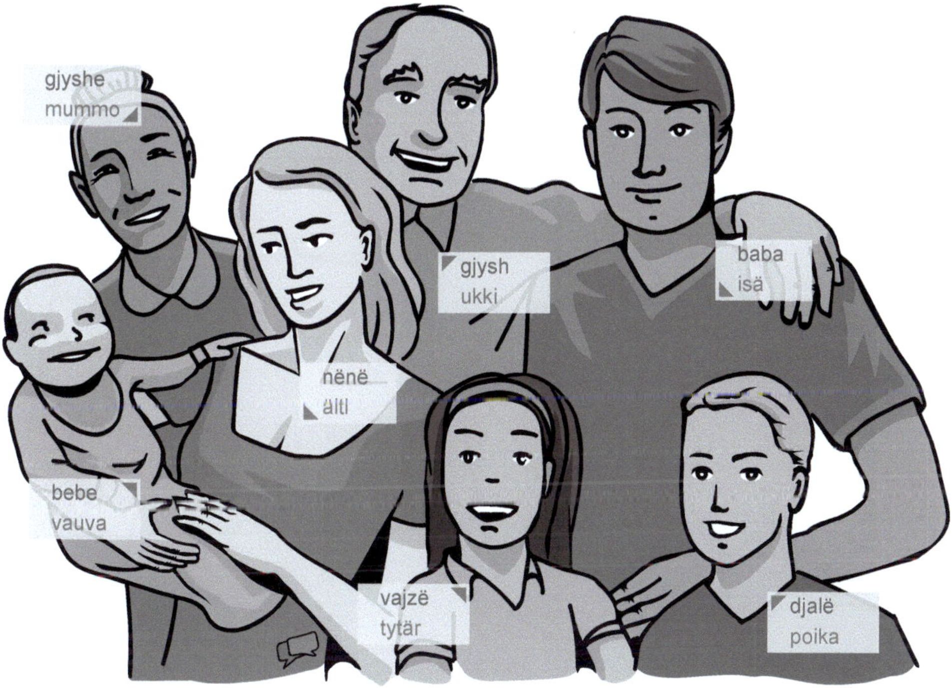

gjyshe
mummo
gjysh
ukki
baba
isä
nënë
äiti
bebe
vauva
vajzë
tytär
djalë
poika

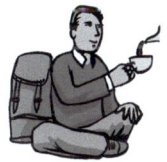

mysafir

vieras

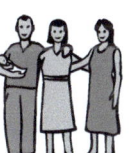

teze, hallë

täti

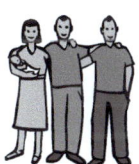

dajë, xhaxha

setä

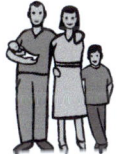

vëlla

veli

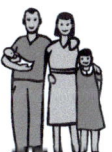

motër

sisko

trupi

vartalo

balli
otsa
syri
silmä
shpatulla
olkapää
gishti
sormet
fytyra
kasvot
mjekra
leuka
dora
käsi
këmba
jalka
krahërori
rinta
krahu
käsivarsi

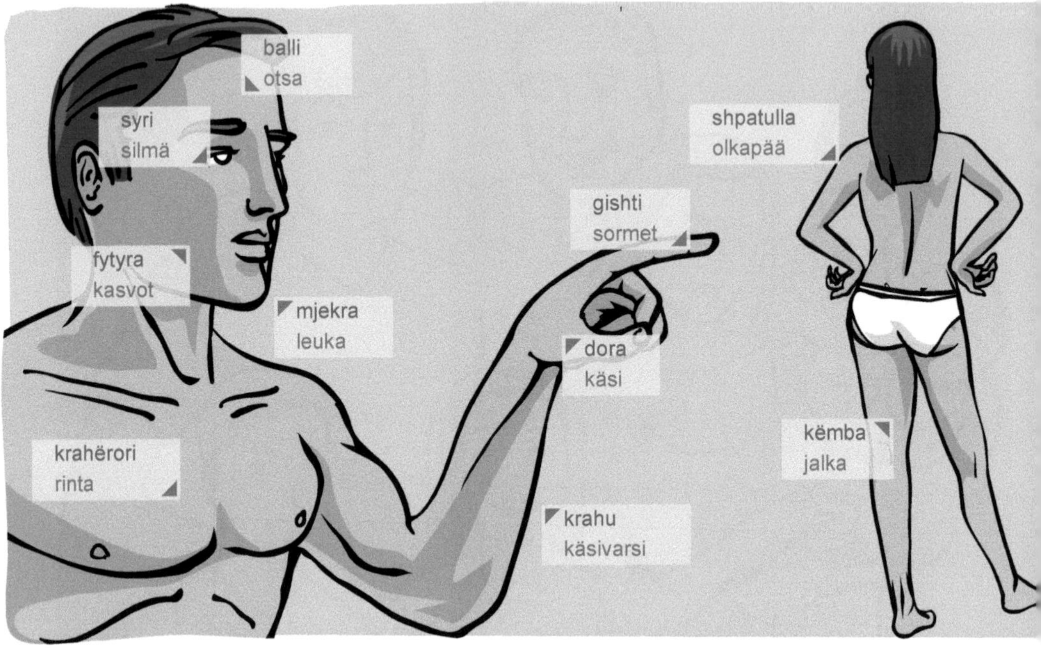

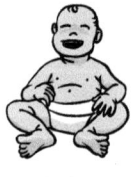

bebe

vauva

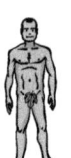

burrë

mies

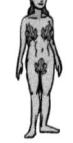

grua

nainen

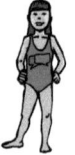

vajzë

tyttö

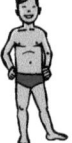

djalë

poika

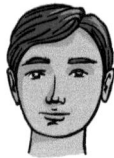

koka

pää

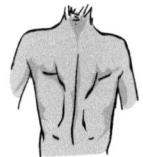

shpina
selkä

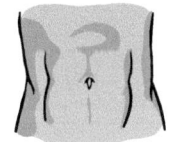

barku
maha

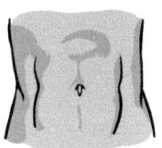

kërthiza
napa

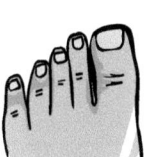

gisht këmbe
varvas

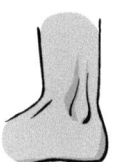

Thembra
kantapää

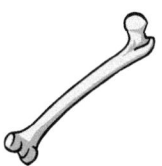

kockë
luu

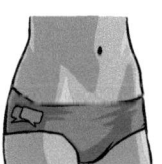

legeni
lantio

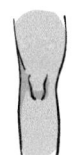

gjuri
polvi

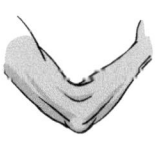

bërryli
kyynärpää

hunda
nenä

vithe
takapuoli

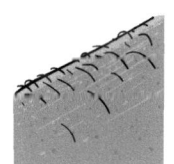

lëkura
iho

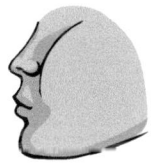

faqja
poski

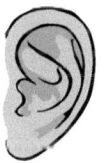

veshi
korva

huza
huuli

goja

suu

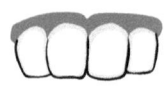

dhëmbët

hammas

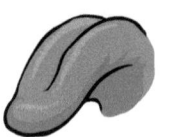

gjuha

kieli

truri

aivot

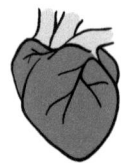

zemra

sydän

muskul

lihas

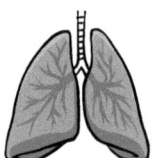

mushkëria

keuhkot

mëlçia

maksa

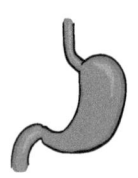

stomaku

vatsa

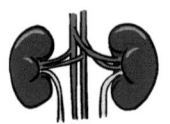

veshka

munuaiset

seks

seksi

prezervativ

kondomi

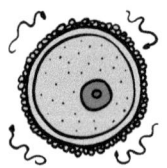

veza

munasolu

sperma

sperma

shtatëzani

raskaus

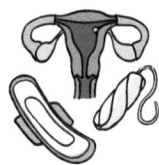

menstruacione
kuukautiset

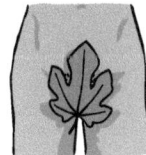

vagina
vagina

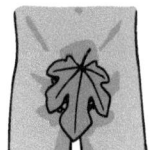

penis
penis

vetulla
kulmakarvat

flokët
hiukset

qafa
niska

spital
sairaala

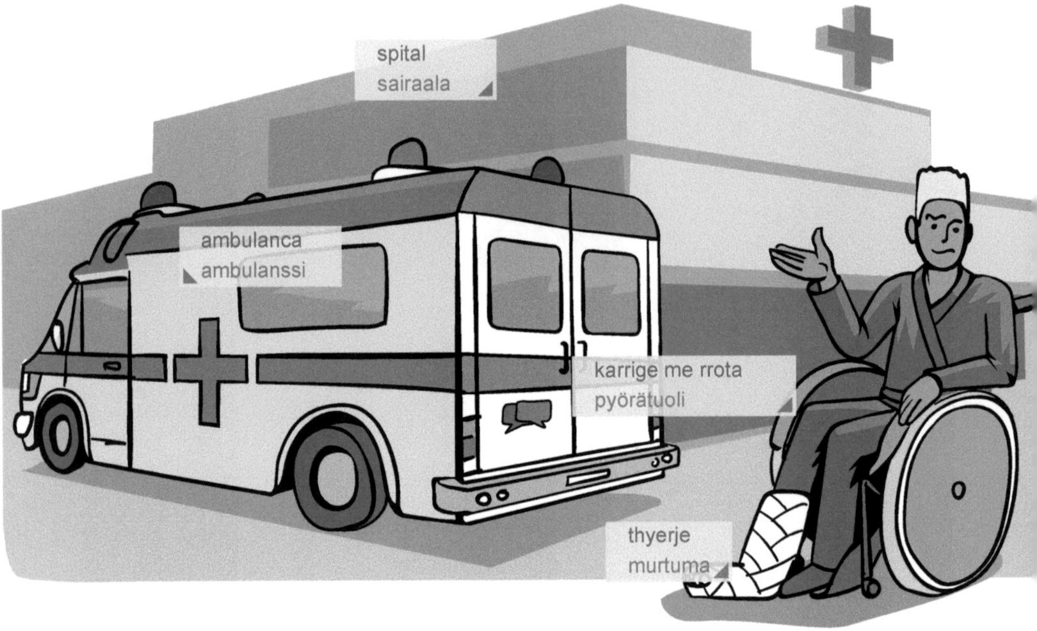

spital
sairaala
ambulanca
ambulanssi
karrige me rrota
pyörätuoli
thyerje
murtuma

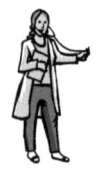

mjek

lääkäri

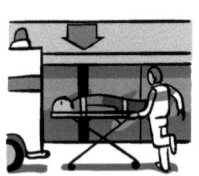

sallë urgjencash

ensiapu

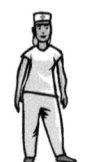

infermiere

sairaanhoitaja

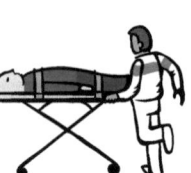

emergjencë

hätätilanne

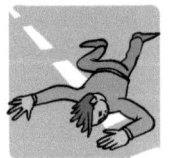

i pandërgjegjshëm

tajuton

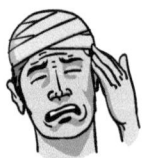

dhimbje

kipu

dëmtim

vamma

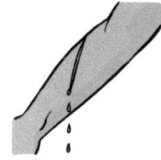

gjakosje

verenvuoto

infarkt

sydänkohtaus

goditje

aivoinfarkti

alergji

allergia

kolla

yskä

ethe

kuume

grip

flunssa

diarre

ripuli

dhimbje koke

päänsärky

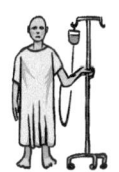

kancer

syöpä

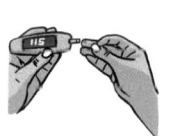

diabet

diabetes

kirurg

kirurgi

bisturi

veitsi

operacion

leikkaus

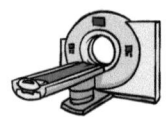

CT (skaner)

ct

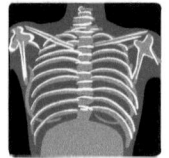

radiografi

röntgen

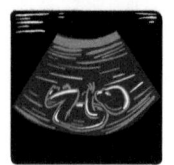

ultratingull

ultraääni

maskë fytyre

maski

sëmundje

sairaus

dhomë pritjeje

odotushuone

paterica

sauva

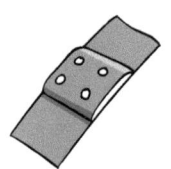

leukoplast

laastari

fasho

side

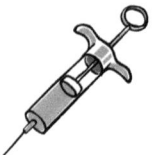

injeksion

pistos

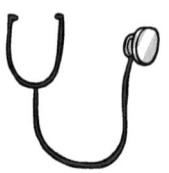

stetoskop

stetoskooppi

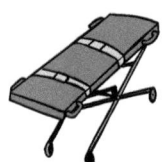

barelë

paarit

termometër

kuumemittari

lindje

syntymä

mbipeshë

ylipaino

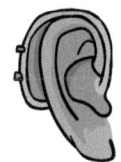

aparat dëgjimi

kuulolaite

dezinfektant

desinfiointiaine

infeksion

infektio

virus

virus

HIV / AIDS

HIV / AIDS

mjekësi, mjekim

lääke

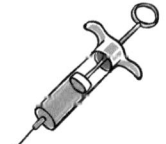

vaksinim

rokotus

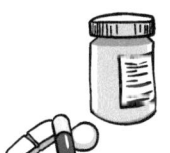

tableta

tabletit

pilulë

pilleri

telefonatë emergjence

hätäpuhelu

aparat tensioni

verenpainemittari

i sëmurë / i shëndetshëm

sairas / terve

Ndihmë!	alarm	sulm
Apua!	hälytys	ryöstö

atak	rrezik	dalje emergjence
hyökkäys	vaara	hätäuloskäynti

Zjarr!	fikëse zjarri	aksident
Tulipalo!	palosammutin	onnettomuus
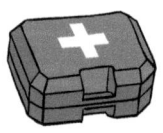		
kuti e ndimës së shpejtë	SOS	policia
ensiapulaukku	SOS	poliisilaitos

Europa

Eurooppa

Amerika e Veriut

Pohjois-Amerikka

Amerika e Jugut

Etelä-Amerikka

Afrika

Afrlkka

Azia

Aasia

Australia

Australia

Atlantiku

Atlantin valtameri

Paqësori

Tyynimeri

Oqeani Indian

Intian valtameri

Oqeani Antarktik

Eteläinen jäämeri

Oqeani Arktik

Pohjoinen jäämeri

Poli i veriut

pohjoisnapa

Poli i Jugut

etelänapa

Antarktida

Antarktis

toka

maa

tokë

maa

det

meri

ishull

saari

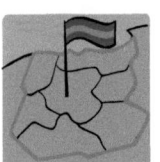

komb

kansa

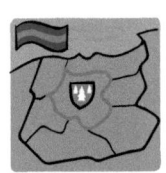

shtet

osavaltio

fusha e orës

kellotaulu

akrepi i orës

tuntiviisari

akrepi i minutave

minuuttiviisari

akrepi i sekondave

sekuntiviisari

Sa është ora?

Paljonko kello on?

ditë

päivä

kohë

aika

tani

nyt

orë dixhitale

digitaalikello

minutë

minuutti

orë

tunti

javë
viikko

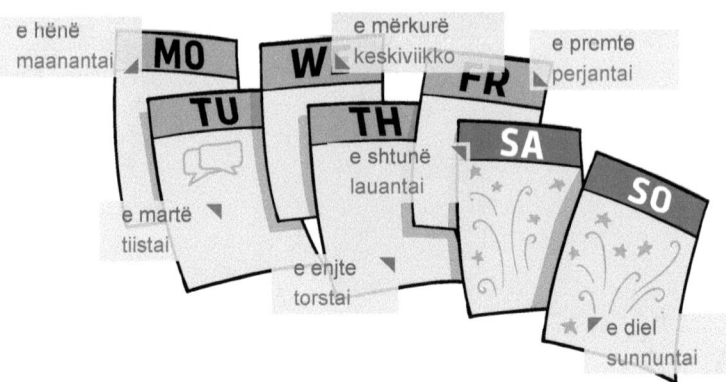

e hënë
maanantai

e mërkurë
keskiviikko

e premte
perjantai

e shtunë
lauantai

e martë
tiistai

e enjte
torstai

e diel
sunnuntai

dje

eilen

sot

tänään

nesër

huomenna

mëngjes

aamu

mesditë

keskipäivä

mbrëmje

ilta

ditë pune

työpäivät

fundjavë

viikonloppu

vit

vuosi

shi
sade
ylber
sateenkaari
erë
tuuli
borë
lumi
pranverë
kevät
verë
kesä
vjeshtë
syksy
dimër
talvi

4.APRIL 11°
5.APRIL 4°
6.APRIL 13°
7.APRIL 8°
8.APRIL 10°

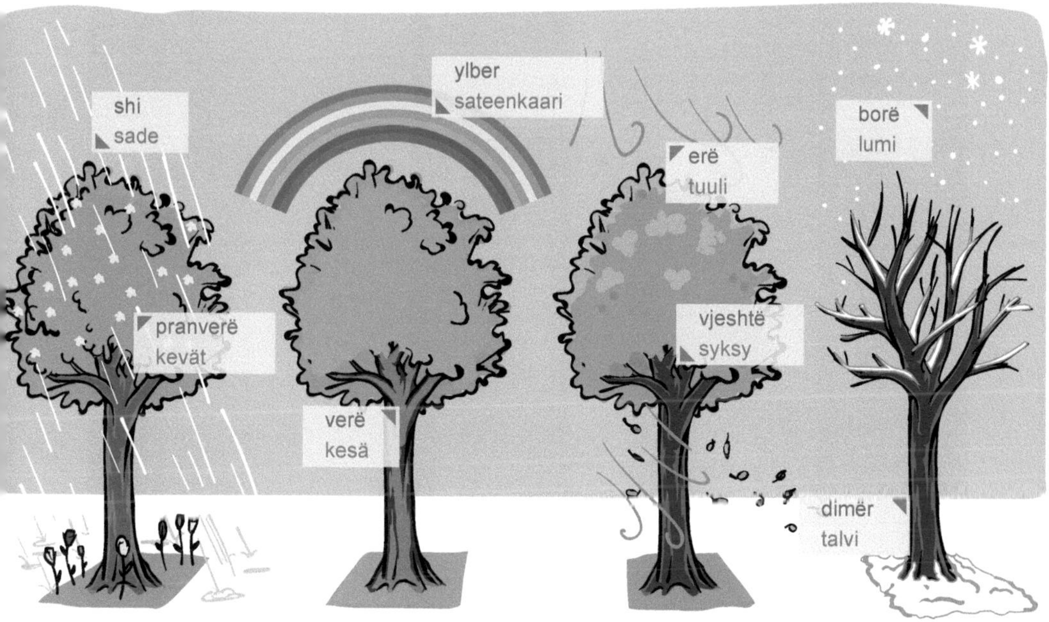

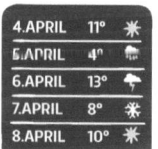

parashikimi i motit

sääennuste

F C
120 40
90 30
60 20
30 10
0 0
-30 -10
-20

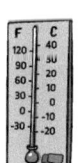

termometër

lämpömittari

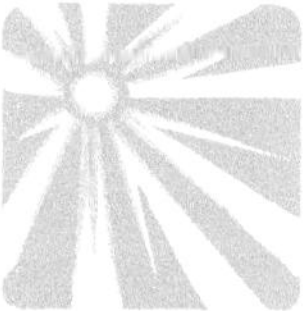

ndriçim dielli

auringonpaiste

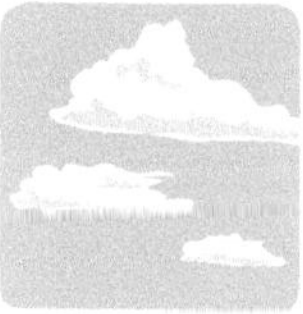

re

pilvi

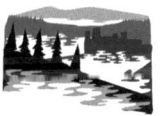

mjegull

sumu

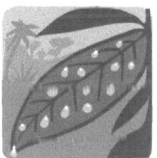

lagështi

ilmankosteus

vetëtima

salama

gjëmim

ukkonen

stuhi

myrsky

breshër

rae

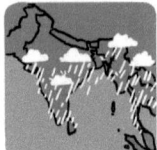

muson

monsuuni

përmbytje

tulva

akull

jää

janar

tammikuu

shkurt

helmikuu

mars

maaliskuu

prill

huhtikuu

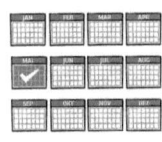

maj

toukokuu

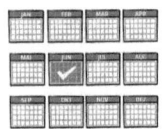

qershor

kesäkuu

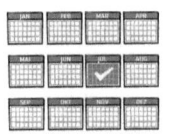

korrik

heinäkuu

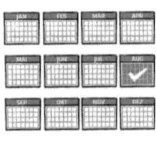

gusht

elokuu

vit - vuosi

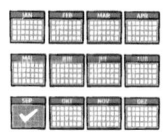

shtator

syyskuu

tetor

lokakuu

nëntor

marraskuu

dhjetor

joulukuu

forma

muodot

rreth

ympyrä

katror

neliö

drejtkëndësh

suorakulmio

trekëndësh

kolmio

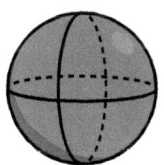

sferë

pallo

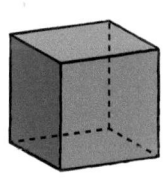

kub

kuutio

ngjyra
värit

e bardhë

valkoinen

e verdhë

keltainen

portokalli

oranssi

rozë

vaaleanpunainen

e kuqe

punainen

vjollcë

violetti

blu

sininen

e gjelbër

vihreä

kafe

ruskea

gri

harmaa

e zezë

musta

shumë / pak

paljon / vähän

i nevrikosur / i qetë

vihainen / ystävällinen

i bukur / i shëmtuar

kaunis / ruma

fillim / fund

alku / loppu

i madh / i vogël

suuri / pieni

i ndritshëm / i errët

vaalea / tumma

vëlla / motër

veli / sisko

c pastër / e pistë

puhdas / likainen

e plotë / jo e plote

täydellinen / epätäydellinen

ditë / natë

päivä / yö

gjallë / vdekur

kuollut / elävä

i gjerë / i ngushtë

leveä / kapea

i ngrënshëm / i
pangrënshëm

syötävä / syömäkelvoton

i keq / i këndshëm

paha / kiltti

i lumtur / i mërzitur

innostunut / tylsistynyt

i shëndoshë / i dobët

lihava / laiha

e para / e fundit

ensimmäinen / viimeinen

mik / armik

ystävä / vihollinen

plot / bosh

täysi / tyhjä

e fortë / e butë

kova / pehmeä

e rëndë / e lehtë

painava / kevyt

uri / etje

nälkä / jano

i sëmurë / i shëndetshëm

sairas / terve

e paligjshme / e ligjshme

laiton / laillinen

i zgjuar / budalla

älykäs / tyhmä

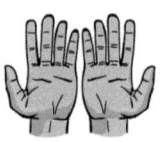

majtas / djathtas

vasen / oikea

afër / larg

lähellä / kaukana

e re / e përdorur

uusi / käytetty

asgjë / diçka

ei mitään / jotain

i moshuar / i ri

vanha / nuori

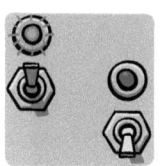

ndezur / fikur

päällä / pois päältä

hapur / mbyllur

auki / kiinni

i qetë / i zhurmshëm

hiljainen / äänekäs

i pasur / i varfër

rikas / köyhä

e drejtë / e gabuar

oikein / väärin

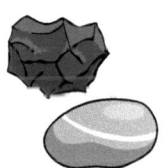

i ashpër / i butë

karhea / sileä

i mërzitur / i lumtur

surullinen / iloinen

i shkurtër / i gjatë

lyhyt / pitkä

ngadalë / shpejt

hidas / nopea

i lagësht / i thatë

märkä / kuiva

ngrohtë / freskët

lämmin / viileä

luftë / paqe

sota / rauha

0
zero

nolla

1
një

yksi

2
dy

kaksi

3
tre

kolme

4
katër

neljä

5
pesë

viisi

6
gjashtë

kuusi

7
shtatë

seitsemän

8
tetë

kahdeksan

9
nentë

yhdeksän

10
dhjetë

kymmenen

11
njëmbëdhjetë

yksitoista

12

dymbëdhjetë

kaksitoista

13

trembëdhjetë

kolmetoista

14

katërmbëdhjetë

neljätoista

15

pesëmbëdhjetë

viisitoista

16

gjashtëmbëdhjetë

kuusitoista

17

shtatëmbëdhjetë

seitsemäntoista

18

tetëmbëdhjetë

kahdeksantoista

19

nentëmbëdhjetë

yhdeksäntoista

20

njëzetë

kaksikymmentä

100

qind

sata

1.000

mijë

tuhat

1.000.000

milion

miljoona

anglisht

englanti

anglishte amerikane

amerikanenglanti

kinezisht mandarin

mandariinikiina

hindi

hindi

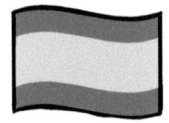

spanjisht

espanja

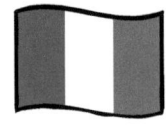

frëngjisht

ranska

arabisht

arabia

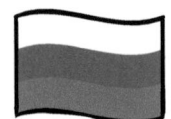

rusisht

venäjä

portugalisht

portugali

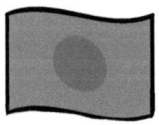

bengalisht

bengali

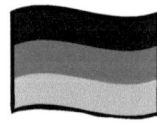

gjermanisht

saksa

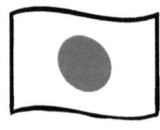

japonisht

japani

unë
....
minä

ti
....
sinä

ai / ajo
....
hän

ne
....
me

ju
....
te

ata
....
he

kush?
....
kuka?

çfarë?
....
mitä / mikä?

si?
....
miten?

ku?
....
missä?

kur?
....
milloin?

emër
....
nimi

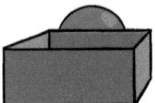

pas
················
takana

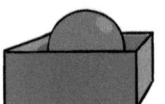

në
················
sisällä

përballë
················
edessä

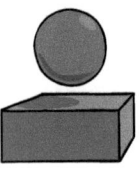

sipër
················
yläpuolella

mbi
················
päällä

poshtë
················
alapuolella

pranë
················
vieressä

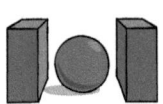

midis
················
välissä

vend
················
paikka